Jan Feustel · Die Quitzows
Im Spiegel der Zeit

Band 1

Jan Feustel

DIE QUITZOWS
RAUBRITTER UND GUTSHERREN

hendrik Bäßler verlag · berlin

Für Hinweise, Mitteilungen und Gespräche
dankt der Autor:

Lieselotte Enders, Potsdam
Rose Geiger, Heiligengrabe
Bernhard von Barsewisch, Groß Pankow
Torsten Foelsch, Perleberg
Uwe Czubatynski, Bad Wilsnack

Abbildung 1. Umschlagseite: Der mittelalterliche Turm ist der
letzte Überrest der alten Eldenburg.
Foto: *Hendrik Bäßler, Berlin*
Abbildung 4. Umschlagseite: Grabstein des Dietrich von Quitzow,
† 1552. Grabstein in der Rühstädter Kirche.
Foto: *Hendrik Bäßler, Berlin*

Die Deutsche Bibliothek – CIP-Einheitsaufnahme

Feustel, Jan:
Die Quitzows : Raubritter und Gutsherren / Jan Feustel. – Berlin :
Bäßler, 1998
ISBN 3-930388-13-8

© 1998 by hendrik Bäßler verlag · berlin
1. Auflage 1998
Alle Rechte der Verbreitung, auch durch Fernsehen, Funk und Film,
fotomechanische Wiedergabe, Tonträger jeder Art, auszugsweisen
Nachdruck oder Einspeicherung und Rückgewinnung in
Datenverarbeitungsanlagen aller Art, sind vorbehalten.
Gesetzt aus Stpl. Garamond und Futura
Satz: Hendrik Bäßler, Berlin
Reproduktionen: Satzinform, Berlin
Druck und Verarbeitung: Druckerei H. & H. Russ, Berlin
ISBN 3-930388-13-8

INHALT

Einleitung 7

Wendenkreuzzug und Gänsemacht
Von den Ursprüngen 10

Die Sterne leuchten in der Wilden Prignitz auf
Der Weg zu Macht und Reichtum 20

Vom Bock zum Gärtner
Auf der Höhe der Macht 27

Gegen den Nürnberger Tand
Der Kampf mit Friedrich von Hohenzollern 41

Bildteil 56

Von Folterstuhl und Brudermord
*Das letzte Jahrhundert der Fehden
und Raubritter* 65

Zwischen Annas Kampf und
Dietrichs Ermordung
Die satten Jahre der Gutsherrschaft 81

Fast wie ein Fluch
Die Sterne der Quitzows verlöschen 95

Ausklang 111

Genealogie 116

Literatur 117

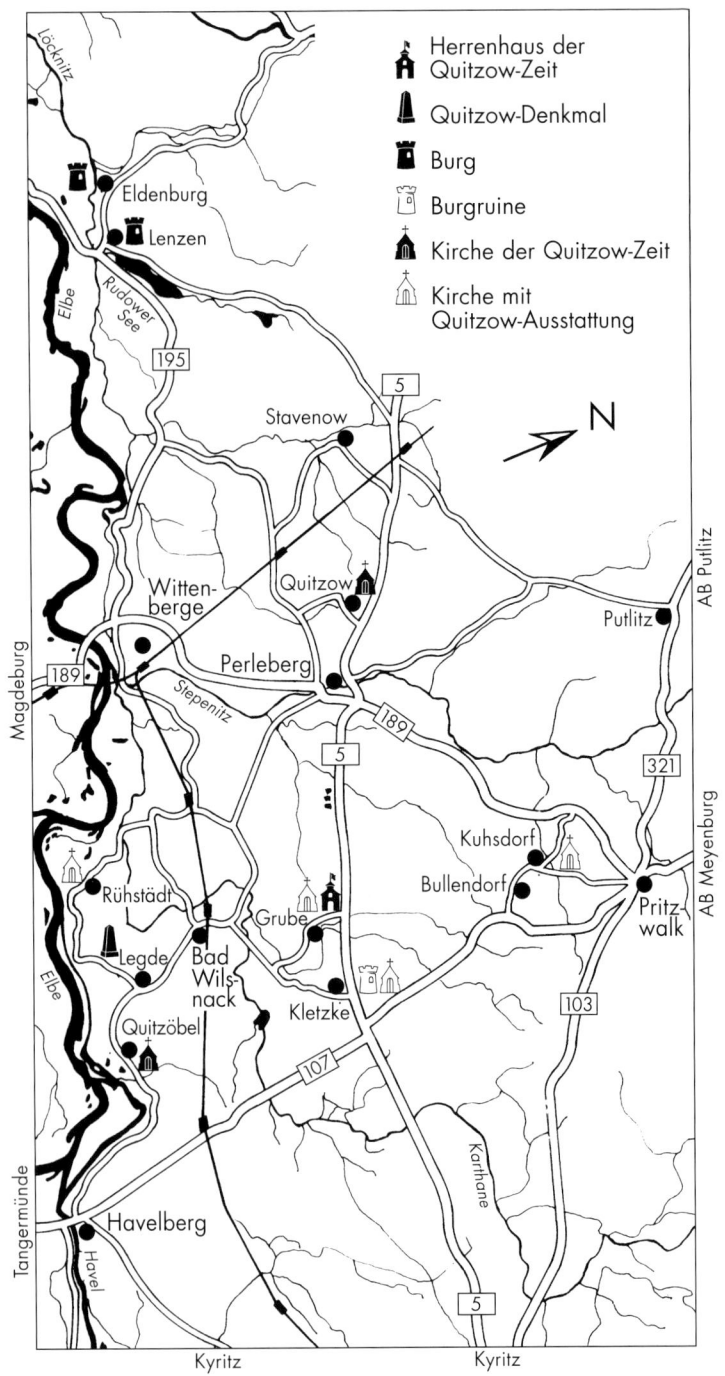

EINLEITUNG

Ein schräger Balken teilt das breite Wappenschild in zwei Felder – das eine rot, das andere silberweiß. In jedem Feld prangt ein sechszackiger Stern. Darüber erhebt sich als Helmzier ein Quittenzweig, als solle er auf den Namen hindeuten: Quitzow. (Erst im 16. Jahrhundert ersetzten ganze Bäume nebst rotem Fuchs die Zweiglein.)

Wo im späten Mittelalter dieses Wappenbild auftauchte, verbreitete es Angst und Schrecken. Von den Sternen der Quitzows ging ein blutiger Schein aus.

Vor Köckeritz und Itzenplitz,
vor Krachten, Quitzow, Lüderitz,
bewahr' uns, lieber Herre Gott!

So sang man damals mit Inbrunst in den märkischen Kirchen. Bürgern wie Bauern kam diese Bitte aus tiefstem Herzen! Denn oft genug fielen unvermutet Ritter – jene genannten oder auch andere – mit ihrem Gefolge über die Ortschaften her. Vieh, Hausrat und alles von irgendeinem Wert schleppten sie fort, zwangen sogar die Frauen, ihre Kleider auszuziehen. Wer sich ihnen in den Weg stellte, den erschlugen sie. Von Glück konnten die Leute noch sagen, wenn ihnen nicht auch noch das Dach über dem Kopf niedergebrannt wurde! Und dabei war dies nach Gesetz und Brauch jener Zeit nicht einmal strafwürdiges Unrecht – wenn die plündernden Ritter nur dem Grundherren der Überfallenen in aller Form, am besten schriftlich, Fehde angesagt hatten. Mancher blaublütige Kampfhahn sandte auch einer reichen Handelsstadt solchen Absagebrief – um dann an beliebigen Landstraßen die dortigen Kaufleute und ihre Wagenzüge abzupassen und auszurauben. Natürlich durften die Ritter sich bei solchen Raubzügen nicht von der Streitmacht des Angegriffenen ertappen und überwältigen lassen… Kaum eine deutsche Landschaft war im 14. und 15. Jahrhundert derart verschrien für solcherlei Beutezüge und Überfälle wie die Mark – und es kostete die Hohenzollern, die hier seit 1411 herrschten, mehr als hundert Jahre lang viel Kampf und Mühe, um den hiesigen Rittern ihre Fehdelust auszutreiben.

Für jenen Widerstand gegen Landfrieden und Hohenzollernmacht stand vor allem die Familie Quitzow – wie sie auch in jenem Kirchenliede gleichsam die Mitte der Raubritternamen einnahm. Aus dem Nordosten der Mark, der Prignitz, stammte dieses Rittergeschlecht. Um 1400, als in der Mark Faustrecht, Anarchie und nahezu ein Machtvakuum herrschten, begann die eigentliche »Quitzow-Zeit«: Durch Kauf, Gewalt und geschickten Wechsel der Bündnispartner gelangte das Brüderpaar Johann und Dietrich von Quitzow in wenigen Jahren zu einer nahezu fürstlichen Machtfülle. Wenn auch die Zahl von 24 Quitzow-Burgen jener Zeit eine »sagenhafte« Überteibung darstellt – stark genug standen sie da, um Friedrich von Hohenzollern, dem neuen Landesherrn der Mark, zu trotzen und weiterhin ihrer Fehdelust im großen Stil zu frönen. Aber der Hohenzoller erwies sich als zäher Taktiker und Diplomat: Nach drei Jahren schon zerschlug eine Fürstenkoalition unter seiner Führung die Macht der Quitzows, eroberte ihre wichtigsten Burgen. Doch dieser Sieg – mochte ihn auch das Volk bejubeln und besingen – beendete keinesfalls die Epoche von Fehden und Raubzügen der märkischen Ritterschaft. Auch der Name Quitzow tauchte nahezu ein Jahrhundert lang immer wieder auf, wenn es um Schadensrechnungen und Überfälle ging. Als im 16. Jahrhundert die erstarkte Fürstenmacht endlich den Landfrieden sicherte, da wandelten sich die Quitzows zu geachteten Prignitzer Honoratioren. Reich begütert wie kaum ein anderes Geschlecht ringsum, bauten sie

Schlösser und setzten den Ihren prachtvolle Denkmäler. Dann aber zerstörte der Dreißigjährige Krieg mit der ganzen Prignitz auch den Reichtum der Quitzows. Seitdem ging es mit ihnen gleichsam bergab, Linie um Linie verlosch, Stammsitz um Stammsitz fiel in fremde Hände – bis endlich im Jahre 1824 der letzte märkische Quitzow starb.

Sechshundert Jahre leuchteten die Sterne der Quitzows über der Mark, stiegen auf zum höchsten Glanz, der gleichsam alle anderen Wappenbilder überstrahlte, und verloschen allmählich wieder. Ihr Glanz ist verwoben mit der Geschichte Brandenburgs, er spiegelt den Wechsel von Machtverhältnissen und Wirtschaftsstrukturen, von satten Jahren und Notzeiten wider. Wer den Sternen der Quitzows durch die Jahrhunderte bis an den Beginn der Neuzeit folgt, der muß tief eintauchen in die Vergangenheit dieses Landes...

WENDENKREUZZUG UND GÄNSEMACHT
Von den Ursprüngen

Hier lagen die Wurzeln:

Die Nordwestecke der Mark zwischen Elbtal, Dosseluch und Eldeniederung – auf jeder Umrißkarte des Landes Brandenburg zipfelig herausspringend – nimmt die Prignitz ein. Sie bietet wahrlich kein pittoreskes Panorama – »Prignitz-Ruppiner Böschung« nennt sich der Landstrich in den Geographiebüchern: Welliges Hügelland aus Moränenzügen, nach Südwesten abfallend zum alten Urstromtal zwischen Rhinluch und Elbstrom – wie allerorts in der Mark hat die Eiszeit hier die Formen geprägt. Nichts Besonderes also… Der Boden ist »leidlich ertragsfähig«. Gute Lehmerde und vor allem den fruchtbaren Tongrund des Elbschlicks findet man nur nahe des großen Stromes, sonst dringt überall der »märkische Sand« hindurch. Dennoch bestimmte hier jahrhundertelang gerade die Landwirtschaft alles Leben, und die Prignitz blieb entlegene, altväterische Provinz – trotz aller Mühen der Städte, die sogar dem Hansebund beitraten, trotz der großen Verkehrsadern, die seit alters her durchs Land liefen: Straßen zu den Küstenstädten – Hamburg, Wismar, Lübeck – und der Elbe als Schiffahrtsweg (noch heute nehmen die meisten Touristen diese Landschaft nur auf der Durchfahrt wahr…). Denn die Prignitz war bis in die Neuzeit Grenzland, stets umstritten, Aufmarschgebiet und Kampfplatz – zuerst zwischen heidnischen Slawen und christlichen Deutschen, dann zwischen Brandenburg und Mecklenburg; »Vormark« nannte man sie seit 1387 auch. Hier blieb die ordnungsstiftende Macht zentraler Staatsgewalten immer recht ferne, hier herrschten Faustrecht und Selbsthelfertum bis übers Mittelalter hinaus. Die Prignitz hatte keinen guten Ruf, und der Name, der auf slawisch ein »ungangbares Waldgebiet« bezeichnet, mag für viele nicht nur geographische Unbetretbarkeit bedeutet haben. Hier war der Ort, um die Sterne der Quitzows aufstrahlen zu lassen.

Und so hat es angefangen:

Anno domini 1147 – zu Magdeburg sammelten sich im Hochsommer aus allen sächsischen Landen Fürsten und adlige Herren mit ihrem Gefolge. An ihren Kleidern trugen sie das Kreuz, stehend auf einer Kugel, das »wendische Kreuz« – denn auch sie waren Kreuzfahrer wie jene, die zur selben Zeit im Heiligen Land die christliche Macht zu sichern und auszubauen suchten. Hatten doch die muslimischen Krieger derweil schon wieder Städte und Landstriche zurückgewonnen, die im Kreuzzug 1096–1099 für die Herrschaft christlich-europäischer Feudalherren erobert worden waren. Also rief Papst Eugen III. im ganzen Abendland einen zweiten großen Kreuzzug aus: wer das Kreuz nahm, dem sollten seine Sünden erlassen sein. Und alles Eigentum, was er im Kampfe gewänne, wurde ihm zugesichert. Schließlich mußte sich ein derartig handgreiflicher und gefährlicher Einsatz für den Glauben auch lohnen sowohl in dieser wie in der anderen Welt – wenn man genug Mitstreiter werben wollte... Für die sächsischen Herren war allerdings Palästina weit – dafür gab es gleichsam vor der Haustür heidnisches Land zu gewinnen und militärische Niederlagen gegen die Ungläubigen auszuwetzen. Waren doch im großen Slawenaufstand 983 alle jene Gebiete östlich der Elbe wieder verlorengegangen, die deutsche Könige und Markgrafen keine 50 Jahre zuvor für Reich und Christentum erobert hatten. Seitdem hatten Kämpfe und Scharmützel an der Elbegrenze hin- und hergewogt. Nahmen die Slawen (oder Wenden, wie sie die damaligen Chronisten nannten) eine deutsche Grenzburg auf dem linken Ufer ein (wie 1035 Werben, wo sie die Besatzung niedermachten), so drangen umgehend deutsche Heere rachedurstig aufs rechte Ufer, in die heutige Prignitz, vor und verübten »grausame Verstümmelungen und Hinrichtungen« – und umgekehrt... Dauerhafte Eroberungen gelangen dabei keiner Seite. Nun aber hatte sich der Papst dazu verstanden, den Kampf gegen die ostelbischen Heiden mit denselben Privilegien zu verbinden wie den Krieg gegen die Muselmanen – und das sollte nun den endgültigen Schlag gegen die ungläubigen Wenden bedeuten. Forderte doch der Aufruf zum Wendenkreuzzug, zu taufen oder totzuschlagen... Die bedeutendsten und mächtigsten Fürsten im nordöstlichen Reich führten die beiden Heerzüge: Heinrich der Löwe im Norden und hier in Magdeburg Markgraf Albrecht von Ballenstedt, genannt der Bär. Unter den Herren, die das Kreuz nahmen, war auch ein Edelfreier, ein »baro« namens Gans aus der Altmark mit seinen Rittern und Mannen, dessen Geschlecht wohl auf der »Gänseburg« bei Pollitz in der Wische saß. Ein bedeutender Besitz war das nicht – nun, bald würde sich sicher Besseres finden, dafür war man ja hergekommen...

Bei Havelberg setzte der Zug über die Elbe – viel Widerstand gab es nicht, war doch die slawische Herrschaft in der Prignitz arg zersplittert. Linen, Smeldingen, Bethenici, Brizanen, Dossanen, Neletizi – all diese Stämme sollen den Chronisten zufolge in diesem Territorium gelebt haben. Bischof Anselm von Havelberg wurde wieder in seinen Bischofssitz eingeführt – hatten doch die Kirchenfürsten des 948 gegründeten Bistums seit 983 gleichsam als »formale Titelträger« im deutschen Exil westlich der Elbe gelebt. Aber die Ziele des Kreuzzugs waren weiter gespannt – die slawischen Hauptburgen sollten eingenommen werden! Doch die Belagerungen von Demmin und Dobin blieben erfolglos, und als die Spitze des Heeres vor der Pommernfeste

Stettin eintraf, standen dort bereits Kreuze auf den Wällen – die Pommern hatten sich schon beizeiten missionieren lassen… Der Kreuzzug endete – wie auch das zeitgleiche »Parallelunternehmen« in Palästina – als verlustreiches Debakel. Allerdings nicht für unseren Edlen Gans – der war bei jenem glücklosen Vorstoß tief ins Slawenland gar nicht mehr dabei! Gleich anfangs hatte er nämlich schon mit seinem Kriegsgefolge den gesamten Norden der Prignitz, das Stammesgebiet der Linen in Besitz genommen. Hier blieb der Edle, dieses Land behauptete er als einen eigenen Herrschaftsbereich, wo er beinahe überall vollständig von jeglichem Lehnsgeber und Landesherren frei war wie ein kleiner Fürst. Im Kreuzzug erworbenes Eigentum war ja geschützt! Die Edlen Gans begannen nun auch ihren Anteil der Prignitz auszubauen und zu kolonisieren, warben Siedler aus dem westlichen »Altreich«, ließen Dörfer anlegen. Auch Städte gründeten sie (wie Pritzwalk und das als ihre Hauptstadt vorgesehene Perleberg) und stifteten – ganz selbständige Landesherren – noch 1231 sogar ein eigenes »Hauskloster«, Marienfließ in Stepenitz. Aber mit der fürstlichen Selbstherrlichkeit war es vorbei, als sich Johannes Gans in den Kämpfen des beginnenden 13. Jahrhunderts um die Vorherrschaft rings um die Ostsee auf die falsche, nämlich die Seite des Dänenkönigs Waldemar stellte. Denn dieser wurde letzlich in der Schlacht bei Bornhöved 1226 vernichtend geschlagen. Und die Sieger des Krieges – Graf Heinrich von Schwerin und die Brandenburger Markgrafen – bereiteten der freien Gänsemacht ein Ende: Große Teile der Herrschaft verleibten sie den eigenen Landen ein, den Rest erhielten die Edlen Gans nur als Lehen zurück. Schon um 1300 war ihr Besitz auf Putlitz – nachdem sie sich Edle Herren zu Putlitz nannten – und Wittenberge zusammengeschmolzen, und auch wenn sie unter den Prignitzer Adligen weiterhin die führende Stellung behielten, in Urkunden stets als erste von ihnen genannt wurden und ab 1249 auch das Marschallsamt von den Markgrafen verliehen bekamen – die Prignitz war Bestandteil Brandenburgs geworden. Allerdings ganz so fest im Griff wie ihre Kernlande hielten die askanischen Landesherren die Prignitz nicht, der Adel bewahrte sich hier durchaus weiterhin gewisse Sonderrechte – wie die eigene Gerichtsbarkeit, unabhängig von jeglichen markgräflichen Vogteien.

Und wo waren bei alledem nun die Sterne der Quitzows aufgegangen?

Hier beginnt das weite Feld der Vermutungen und kontroversen Meinungen. Schon die Entstehung jener Herrschaft der Edlen Gans ist – beim Mangel an urkundlichem Material aus jenen frühen Jahren – Hypothese, allerdings eine weitgehend anerkannte. Die Herkunft der Quitzows jedoch regt immer wieder zu neuen Spekulationen an – waren ihre Vorfahren heimische Wendenhäuptlinge, die sich taufen ließen und ihr altes Stammesgebiet als Lehen erhielten (wie die Fürsten von Mecklenburg)? Stellten sie einen Seitenzweig der Grafen von Arnstein dar, die sich ähnlich den Gänsen nach dem Wendenkreuzzug eine unabhängige Landesherrschaft rings um Ruppin sicherten und diese auch bis zu ihrem Aussterben 1524 hielten? Stammten sie von der Familie derer von der Weyde her, die als Burgvögte von Werben »in der ältesten Zeit zu den führenden Magnatengeschlechtern dieser Gegend gehörten«, wie Warnstedt aus der Gestalt des Wappens ableitet? Oder kamen die ersten dieses Geschlechtes aus Franken, wie der altmärkische Chronist Entzelt von Salvelt im 16. Jahrhundert behauptete?

Dies jedenfalls ist das wahrscheinlichste Szenario:

Im Gefolge des Gans diente 1147 auch ein Ritter als Vasall. Edelfrei war er (wie der Großteil des späteren brandenburgischen Kolonialadels) wohl nicht – seine Herkunft wird auf Ministerialen zurückgehen, unfreie

Dienstleute in der »familia« eines großen Herren. (Selbst die Edlen zu Plotho, die sich im Süden der Prignitz festsetzten wie die Gänse im Norden, waren ursprünglich stiftmagdeburgische Dienstmänner.) Einen adeligen Stammsitz, den er stolz im Namen führen konnte, hatte er jedenfalls noch nicht – aber deshalb ging er ja bei den Edlen Gans »zu Lehen« in diesem so gewinnversprechenden Kreuzzug. Denn ein hoher Herr, ein »baro«, brauchte zur Heerfolge, die seine Macht begründete und sicherte, viele kampferfahrene und gut bewaffnete Männer – vor allem für die Reiterei, die schlagkräftigste Truppe; seit 100 Jahren trug man zu Pferde den schweren Ringpanzer, und gerade in dieser Zeit kamen der geschlossene Helm und die Panzerung des Streitrosses in Mode. Die Ausrüstung mußte der »Ritter« selber stellen, dazu noch Zeit aufwenden, um sich in den neuen Kampftechniken zu erproben – und natürlich Kriegsdienst leisten. Wenn also ein edler Herr oder Fürst sein Gefolge mit Panzerreitern auffüllte, mußte er diesen »Berufskriegern« auch Grundbesitz verleihen – und gerade in den Kolonialländern war derart etablierte Ministerialität sehr bald nicht mehr von den freien Vasallen zu unterscheiden, im Ritterstande verschmolzen beide Schichten. Und so erhielt auch jener namenlose Ritter nach geglückter Eroberung der Prignitz ein Lehen von den Edlen Gans – nahe der geplanten Hauptstadt Perleberg: eine wendische Siedlung, »Ort des kvic«, des Quiekenden in der alten Landessprache, Quitzow. Hier baute sich die Familie der neuen Grundherren eine kleine Burg, und nach diesem ihrem Besitz nannte sie sich fürderhin »von Quitzow«.

Wie gesagt – dies alles ist Hypothese, denn allzu vieles berichten uns die alten Dokumente nicht über jenes Adelsgeschlecht in den Zeitläufen, als die Markgrafen aus dem Hause der Askanier, Nachkommen Albrechts des Bären, in Brandenburg regierten. Erschien ihr Name damals doch ausschließlich in Listen der Zeugen, wie jede Urkunde sie zur Bestätigung ihrer Gültigkeit exakt anführte – in einer dem Range entsprechenden Reihenfolge. Als erster fand 1261 ein Dietrich von Quitzow Erwähnung – auf einer Mecklenburger Urkunde zum Verkauf eines Dorfes durch das Domkapitel zu Ratzeburg! Vermutlich war es derselbe »ridder«, der 1272 in brandenburgischen Diensten bezeugte, wie die Markgrafen Johann, Otto und Waldemar der Stadt Sandow (Sandau) bei Havelberg eine freie Fähre bewilligten – als Ritter wechselte man durchaus den Herren, wenn es etwas versprach … In der Mark aber wurde Cunradus (Conrad) von Quitzow noch eher genannt – 1269 bestätigte er in Tangermünde die Schenkung einer markgräflichen Wiese an die altmärkische Stadt Osterburg. Ob er wirklich dort in der Altmark ansässig war, in Aulosen, wie Warnstedt vermutet? Bis 1291 erschien sein Name insgesamt neunmal auf markgräflichen Urkunden. Sicherlich zu den eingesessenen Prignitzer Quitzows gehörte Bertold, der 1271 dem Kloster Stepenitz in Wittstock eine Landschenkung ebenso bezeugt wie 1275 in Putlitz die Überschreibung einer Kirche durch Johann Gans. Domino, milites, ridder – mehr als ihren Stand erfahren wir nicht von jenen märkischen Altvorderen der Quitzows, dies waren Bezeichnungen für den niederen Adel ohne irgendeine »Nobilität«. Nie steht ihr Name in den Zeugenreihen besonders weit vorne, Ehrentitel und Hofstellungen sind nicht genannt. Sogar jeder Hinweis darauf, wo die märkischen Quitzows begütert waren, auf welchem Dorfe damals einer der Ihren saß, fehlt in den Dokumenten jener Jahre. Und so kann man über das damalige Leben des Geschlechtes in der Prignitz nichts anderes sagen als Hoppe: »Das Land nährte den Quitzow, er war Herr auf seinem Hof, den er inmitten der Bauern bewohnte, in der Lebensweise von ihnen zunächst nicht wesentlich verschieden.«

Die geringe Bedeutung des Geschlechtes in der damaligen Mark zeigt sich am deutlichsten im Vergleich mit einem Mecklenburger Vetter, der in dieser Zeit schon eine kleine Karriere beim dortigen Fürsten machte – 79mal kann man den Namen Eckhard von Quitzow auf Urkunden lesen! 1286 war er Knappe auf Burg Gadebusch, 1290 wurde er erstmals bei den »Rittern und getreuen Vasallen« genannt, von 1305 an bezeichneten ihn zahlreiche Urkunden als fürstlichen Rat, eine sogar als Geheimen Rat (nun, Heinrich II. von Mecklenburg galt als freigebig mit solchen Titeln...). 1308 hütete er als Burgmann die Mecklenburg seines Lehnsherren, der ihm Hebungen aus 3 Dörfern verschrieb, 1320 wurden er und seine Erben jedoch von dieser Anwesenheitspflicht befreit – wobei er aber sein Burglehn behalten durfte, groß genug, um drei Jahre später ein gehöriges Stück davon an einen Wismarer Bürger zu verkaufen. Und es ist höchst wahrscheinlich, daß er auch den Mecklenburger Stamm der Familie begründete, der dann später auf Voigtshagen bei Wismar seinen Sitz nahm. Das bietet keinen Stoff für eine romantische Ritterballade, stellt aber alle märkischen Quitzows dieser Zeit in den Schatten.

Neben den spärlichen Urkunden vermittelt uns jedoch ein singuläres Kunstwerk das alleranschaulichste Bild von den märkischen Quitzows und ihrem Stolz schon in der »Askanierzeit«. Das Dommuseum Brandenburg bewahrt als eine seiner größten Kostbarkeiten ein Glasgemälde aus der Kirche in Kuhsdorf bei Pritzwalk auf – einmalig für sein Jahrhundert in ganz Deutschland ist die Darstellung eines ritterlichen Paares als Motiv eines Kirchenfensters: der barhäuptige, langhaarige Ritter schultert sein breites Schwert und stützt sich mit der Linken auf sein Wappenschild. Sein ärmelloses blaues Oberkleid fällt herunter auf die spitzen bestickten Schuhe. Seine Gattin ist in lang wallende gelbe Gewänder gehüllt, ihre Hände greifen in den Riemenverschluß, den Fürspann des hermelinbesetzten Tasselmantels. Den Kopf bedeckt eine Haube. Gestik und Kostüm scheinen vertraut, erinnert beides doch an berühmte Naumburger Stifterfiguren: Der Ritter ahmt die Geste des dortigen Grafen Sizzo von Kefernburg nach, die, mittelalterlichem Brauch folgend, seinem Richteramt entspricht: Die Frau gleicht der Markgräfin Regelindis. In die Zeit zwischen 1260 und 1270 werden die beiden Bilder auch datiert. Die Umschrift des Bildes aber spricht es ebenso deutlich aus wie das Wappen des Schildes: »DE QUITSO« ist noch heute rechts über dem schräggeteilten Schilde zu lesen, auf dem – rechts oben golden auf rotem Grund, links unten gerade umgekehrt – die Sterne der Quitzows prangen. Und auch die Vornamen der beiden sind gerade noch zu entziffern – Conrad und Margarethe; sollte es jener Conrad sein, den die Urkunden zwischen 1269 und 1291 nennen? Was das Bild jedoch ausstrahlt, ist ein außergewöhnlicher Standesstolz. Nicht allein daß jenes erhobene Schwert vielleicht auf ein vom Markgrafen verliehenes Richteramt hinweist, nicht allein daß die Figuren unbezweifelbar die Naumburger Statuen ungleich höhergestellter Edler nachahmen – beide Figuren stehen aufrecht, den Kopf hoch in den Nacken erhoben, was für damalige Augen geradezu anmaßend erscheinen mußte. Denn nur als freigebiger Stifter konnten sie sich in einer Kirche überhaupt abbilden lassen – ob jener Quitzow nun als Grundherr und Patron zum Bau der mächtigen Feldsteinkirche in Kuhsdorf beitrug oder nur das Fenster bezahlte. Und gewiß – so sagen Kunsthistoriker – umgaben Heiligendarstellungen die kleinen Porträtscheiben. Eigentlich war es für fromme Spender damals obligat, sich in solcher Nachbarschaft beim demütigen Gebet niederkniend darzubieten. Auf den Knien aber wollte sich ein Quitzow sichtlich nicht darstellen lassen! So scheint über diesem Bild schon das Flair jenes unbedingten, maßlosen Selbstbewußtseins zu liegen, das 150 Jahre später zum Geschick des Geschlechtes werden sollte ... (Auch wenn gerade der Stamm der Quitzows auf Grube, Kuhsdorf und Bullendorf an diesem Drama keinen Anteil hatte und sich auch später hauptsächlich dadurch hervortat, daß er als allerletzter der Familie ausstarb...)

Ebenso symbolisch mutet es an, daß wir Urkundliches von Besitzverhältnissen und selbständigen Handlungen der Quitzows in der Mark exakt erst in jenem Moment hören, als hier die überlegene, askanische Zentralmacht zerbrach, die solch übermächtigen Ritterstolz bis dahin in die Schranken wies.

Markgraf Waldemar der Große suchte den Traum von der brandenburgischen Großmacht zu realisieren – den Zug zur Ostsee, die Einnahme eines Hafens für die Mark. Für seine Kriegszüge, die ihn bis nach Danzig führen, stürzte er sich in Schulden, verpfändete allerorts seinen Besitz, borgte sogar bei den Gebrüdern Johann und Coneke (Conrad) von Quitzow. Als Waldemar am 14. August 1319 unerwartet und kinderlos starb, hatte einer seiner ärgsten Gegner, Fürst Heinrich von Mecklenburg, schon die Hand auf die (von Waldemar geradezu »ausverkaufte«) Prignitz gelegt. Und bereits 6 Tage später erklärten in Quitzow die beiden Quitzows mit anderen hiesigen Adelsfamilien, dem Mecklenburger zu Diensten zu sein – »use hus und vesten scholem em open sin tu al siner not« (unser Haus und Feste sollen ihm offen sein zu all seiner Not), wie es auf gut plattdeutsch geschrieben steht – falls der nur Waldemars Schulden bei ihnen zurückzahlen würde. Auch Gunzel Gans Edler Herr zu Putlitz erkannte Heinrich im gleichen Jahr als seinen Lehnsherren an. Märkischer Patriotismus à la »In Staub mit allen Feinden Brandenburgs« war nicht nur dem Prignitzer Adel damals fremd… Im Jahr darauf verlosch mit dem Tode von Waldemars unmündigem Vetter das askanische Markgrafengeschlecht, für die ganze Mark Brandenburg – und das Grenzland der Prignitz insbesondere – brach ein Jahrhundert der Anarchie, Willkür und Unruhe an: Es würde der Hintergrund sein, vor dem die Sterne der Quitzows aufstrahlten zu ungeahntem Glanz…

DIE STERNE LEUCHTEN IN DER WILDEN PRIGNITZ AUF
Der Weg zu Macht und Reichtum

Man schrieb das Jahr 1390. Wieder einmal zogen Kriegsscharen durch die westliche Prignitz. Die Bauern flüchteten mit Vieh und Hausrat in unzugängliche Sümpfe. Manch einer sah von ferne den Feuerschein seines niederbrennenden Hofes. Gnade dem, der sich nicht beizeiten in Sicherheit brachte! Denn die Herzöge Bernhard und Heinrich von Braunschweig-Lüneburg und der Herzog Erich von Sachsen-Lauenburg führten Fehde gegen die Mark Brandenburg. Es ging um streitigen Besitz von Burgen, Land, der wichtigen Zollstätte Schnackenburg an der Elbe. Auch waren die Lüneburger Welfen den böhmischen Luxemburgern eh feind, die damals die Mark regierten: Hatte der 1378 verstorbene Kaiser Karl IV. von Luxemburg den Lüneburgern doch ihre Erblande abzusprechen versucht! Und derzeit nahmen das böhmische Herrscherhaus ja auch anderwärtige Konflikte in Anspruch. Weil Sigmund (Sigismund), der eigentliche Erbherr der Mark, Unsummen zum Kampf um die ungarische Königswürde benötigte, hatte er die Mark 1388 an seinen Vetter Jost (Jobst, Jodokus) von Mähren verpfändet. Und der wiederum träumte davon, dereinst die deutsche Königskrone zu tragen… Da blieb den Luxemburgern wenig Zeit übrig, in der Mark ständig nach dem Rechten zu sehen – und das wollten die Herzöge ausnutzen!

Die Streitmacht von mehr als 1100 Berittenen, die über die Elbe gesetzt war, nahm sich aber ein spezielles Ziel: Burg Kletzke, wertvollster Besitz der Quitzow-

Sippe in der Prignitz, sollte eingenommen werden. Diese Herrschaft erhielten die drei Brüder Claus, Cuno (Conrad) und Tiedeke (Dietrich) von Quitzow am 21. Dezember 1375 als Lehen – »zur ganzen Hand«, das heißt jedes Mitglied der Familie konnte dies erben! Und diese Familie hatte sich derweil zu einem der reichsten und mächtigsten Magnatengeschlechter der Prignitz herausgemausert – trotz oder gerade wegen all der Wirren, die über diese Landschaft seit dem Tode des letzten askanischen Markgrafen hereingebrochen waren: Auswärtige Herrscherhäuser stritten um den Besitz des Brandenburger Landes – bis es die bayrischen Wittelsbacher 1373 doch an die verfeindeten böhmischen Luxemburger abtreten mußten. Und währenddessen suchten die lieben Nachbarn unter den Fürsten möglichst große Stücke aus der derart geschwächten Mark für die eigene Hausmacht herauszutrennen. Der Besitz der Prignitz wechselte zwischen der Mark und Mecklenburg hin und her. Selbst die Fürsten von Werle streckten ihre Hand nach dieser Landschaft aus. Allein daß das vornehmste Geschlecht, die Edlen Herren Gans, um 1410 mit der Hälfte seiner Besitzungen (nämlich Putlitz) Mecklenburger und mit der anderen Hälfte (Wittenberge) Brandenburger Lehnsleute waren, zeigt die Zerrissenheit des Landes. Eines muß man den Quitzows gutschreiben: Anfangs nahmen sie durchaus teil an den Versuchen, in diesem Chaos Sicherheit und Ordnung aufrechtzuerhalten. Im Februar 1325 schlossen sie sich mit anderen adligen Familien einer Einung der Prignitz-Städte an. Bei unrechter Schädigung wollte man zusammenstehen und einander helfen – eine Art Schutz- und Trutzgemeinschaft! Damals mag auch noch gutes Wirtschaften und günstiger Verkauf vor allem von Getreide die Grundlage des Quitzowschen Wohlstandes geschaffen haben. Von 1340 an konnten sie jedenfalls dem bayrischen Markgrafen Ludwig – stets in Geldnot – beträchtliche Summen zuschießen. Und der vergalt es mit Landbesitz in der Altmark! Auch wurden die Brüder Claus und Coneke 1340 erstmals als markgräfliche Beamte – officiatores – in Kyritz urkundlich erwähnt. 1373 zählte eine Beschreibung der Mark anläßlich ihrer Übergabe an die Luxemburger die Quitzows auf Burg Quitzow unter die »nobiles«, die edlen Schloßgesessenen der Prignitz: Der gesellschaftliche Aufstieg war erreicht! Ihren Besitz dehnte die Familie noch weiter aus. 1384 verlieh der Bischof von Havelberg dem Wedego von Quitzow das elbnahe Rühstädt. Dort überquerte eine bedeutende Fähre den Fluß, die reichlich Fährgelder einbrachte. Für den Erwerb eines strategisch wie ökonomisch derart wichtigen Ortes verkaufte Wedego sogar das Stammschloß Quitzow an die von Platen! Die Elbe – wichtige Verkehrstrasse nach Norden – hielten die Quitzow hier gleichsam fest im Griff. Lag doch stromaufwärts, an einer alten Paßstelle am Ostufer gegenüber der Johanniterfeste Werben, auch noch die Burg Quitzöbel. Und selbst wenn die Urkunden sie erst 1375 als Quitzow-Eigentum benennen – schon der (1310 erstmals erwähnte) Name »Quitzows Hügel« weist auf uralten Familienbesitz. Ebenso beherrschte man von Kletzke aus die große Landstraße über Perleberg nach Mecklenburg und Lübeck. So bekamen die Quitzows fast den gesamten Handel nach Norden unter ihre Kontrolle. Kein Wunder, daß ihr Vermögen wuchs – konnten sie doch so jederzeit Zölle und Abgaben einfordern. Ringsum erwarb die Familie auch immer mehr Ländereien. Warnstedt zählt für die Zeit um 1450 sogar 80 Dörfer, was andere allerdings für übertrieben halten. Das Geschlecht war zu einer führenden Macht dieses Landstrichs geworden. Die Sterne der Quitzows strahlten im vollen Glanz über der Prignitz!

Aber jener Feldzug der Herzöge galt nicht nur der stärksten Burg eines der reichsten Prignitzer Geschlechter, sondern wohl auch der »großen Räuberhöhle«, wie ein Lübecker Chronist Kletzke bezeichnete. Denn der Machtzuwachs der Quitzows beruhte nicht mehr auf friedlicher Grundherrschaft allein – allzu stark klaffte die Preisschere zwischen Stadt und Land im 14. Jahrhundert auf, sank der Verkaufserlös für Vieh und Korn.

Der »Schwarze Tod«, die Beulenpest – eingeschleppt aus dem fernen Osten –, hatte 1347–50 in ganz Europa ein Drittel der Bevölkerung hinweggerafft. Vor allem traf jene Seuche die Städte, viele lagen nahezu menschenleer. Das ließ die Nachfrage nach Lebensmitteln rapide sinken. Die wirtschaftlich geschulten Stadtbürger taten natürlich ein übriges, um die Preise noch weiter zu drosseln. Viele Dörfer mit weniger fruchtbarem Boden fielen damals auch in der Prignitz wüst, Bauern wie Grundherren gaben sie auf. Wollte der Landadel – in der Ökonomie kaum bewandert – nicht vollends herunterkommen, blieb meist nur ein Ausweg: Fehden! Das bedeutete, in fremdes Land einzufallen, das Vieh wegzutreiben, die Dörfer »auszupochen«, d. h. zu brandschatzen, Kaufmannszügen die Waren abzunehmen, Gefangene zu machen und einzusperren, bis ihre Familie Lösegeld zahlte. Und dies verstieß im Mittelalter im Grunde gar nicht gegen das Gesetz: Man mußte nur dem Gegner rechtzeitig einen Fehdebrief senden oder zumindest mündlich »absagen« – und natürlich irgendeinen Grund dafür vorweisen. Daß aber nicht nur »arme Ritter«, sondern auch Städte und Kirchenfürsten in jener Zeit Fehden führten, zeigt schon, daß hinter diesem Recht mehr steckte als eine »Sozialversicherung des verelendenden Adels«.

Es war das alte Faustrecht aus germanisch-fränkischer Zeit. Wo keine übergreifende staatliche Autorität existierte, die bei einem Rechtsstreit die Parteien zur Annahme eines Urteils, ja überhaupt zum Erscheinen vor Gericht zwingen konnte, mußte der einzelne – sofern er die Gewalt dazu hatte – zur Selbsthilfe greifen. Ob es um die Vergeltung eines Mordes ging oder nur um einen zugefügten Schaden, dem Beschuldigten (und nicht Verurteilten), seiner Familie und – bei der Ritterfehde – auch seinen Lehnsleuten wie Bauern wurde so lange zugesetzt, bis er sich zu einem Sühnevertrag bereitfand. Und der war gleichsam frei vereinbart, unterstellte die Parteien keiner höheren Autorität – ein »ehrenhafter Frieden«, wie er der Ritterehre entsprach. Kei-

nesfalls durften dabei aber in der Fehde entstandene Schäden aufgerechnet werden. Was man also derweil geraubt hatte, konnte man behalten! Natürlich suchten die Kirche, Fürsten und Herrscher in Landfriedensgeboten die Fehden wenigstens zeitweise einzuschränken oder gar – wie Kaiser Barbarossa 1152 – zu verbieten. Aber solange ihre Macht nicht auf einem durchorganisierten und schlagkräftigen Staatsapparat beruhte, ließ sich das »ehrbare« Selbsthelfertum der waffentragenden Feudalherren auch nicht dauerhaft zurückdrängen. Selbst die »Minimalforderung«, die Rechtshändel vorab auf einem Gerichtstag darzulegen, setzte sich nicht durch...
Und nicht nur dem heutigen Betrachter fällt es schwer, zu entscheiden, ob sich in einem Absagebrief ehrlicher Zorn über eine ungesühnte Beleidigung und ernstliche Schädigung niederschlug oder nur der Drang, sich auf Kosten des Gegners zu bereichern. Der Unterschied zwischen Fehde und Räuberei war eben fließend. Da führte man Fehden für andere, »pro amico«, selbst wenn derjenige gar nicht zugestimmt hatte. So begann Götz von Berlichingen einmal den Kampf gegen Nürnberg im Namen eines Dieners des ansbachischen Markgrafen – trotz dessen energischer Gegenwehr. Ab und an reichte man auch nach überraschendem Überfall den Fehdebrief einfach nach. Selbst dafür bot gerade Götz mehr als ein Beispiel... Den feudalen Angreifer drückte keinerlei juristisches oder moralisches Unrechtsbewußtsein, wo der Angegriffene über Räuberei und Strauchrittertum klagte. Dem ausgeplünderten Kaufmann oder dem Bauern, dessen Existenzgrundlage vernichtet wurde, war es wahrlich gleichgültig, ob dies juristisch korrekt geschah! Wenn also der Landesherr – wie die ausländischen Brandenburger Markgrafen des 14. Jahrhunderts – meist abwesend war, ja wenn die Herrschaftsverhältnisse eines Gebietes auch noch verworren erschienen und eine ökonomische Krise die Ritter drückte, dann mußte das Fehdewesen aufblühen: Die Prignitz jedenfalls wurde zu jener Zeit weithin berüchtigt für die Unsicherheit auf ihren Straßen und die Vielzahl der

beutehungrigen Ritter, die »am Wege paßten«. Da half es wenig, daß sich 1353 die Hansestädte mit den Fürsten von Mecklenburg und Schwerin verbanden und fast ein Dutzend der ärgsten Raubnester einnahmen. So ziemlich alle Prignitzer Adelsfamilien übten weiterhin hier und in den umliegenden Landstrichen das Faustrecht. Die Vasallen der Nachbarfürsten trieben es ebenso wakker. Und den arg betroffenen Prignitz-Städten konnten die Brandenburger Landesherren vorerst nur zugestehen, daß sie sich für zugefügte Schäden selbst mit Gewalt schadlos halten durften... Denn die eingesetzten Vögte und Landeshauptleute gehörten stets genau jener Adelsschicht an, deren fehdegierigem Tatendrang sie eigentlich Einhalt gebieten sollten, ja waren mit vielen davon blutsverwandt...

Und so ist es kaum verwunderlich, daß der rapide anwachsende Reichtum der Quitzows von Historikern wie Johannes Schultze auf jene dunklen Quellen zurückgeführt wird. Besonders Cuno von Quitzow, genannt der »alte Cuno«, schlug eine gefürchtete Klinge in all dem Waffengeklirr, das dazumal Prignitz wie Altmark ständig erfüllte. Und das brachte auch Gewinn – vor allem, wenn man den Gefangenen hohe Lösegelder abpressen konnte. Der Brandenburger Chronist Wusterwitz nannte ihn nicht umsonst einen »alten Räuber«! Allerdings handelte sich der »alte Cuno« dabei auch gehörigen Ärger ein, weil er keinerlei Maß kannte: Da hatten fünf Mecklenburger Wegelagerer im August 1385 den Schweriner Domherren Friedrich Junge auf offener Straße überfallen. Den guten Fang brachten sie nach Burg Lenzen an der Elbe, die Cuno und sein Bruder Claus derzeit in Pfandbesitz hatten. Und die kauften den Räubern jenen Kirchenmann ab – um selber ein Lösegeld herauszuschlagen. Der geistliche Herr aber vertrug die harte Kettenhaft gar nicht – und starb. Daraufhin wurden die beutegierigen Quitzowbrüder mitsamt allen Lenzener Bürgern prompt exkommuniziert und auch noch mit dem weltlichen Bann belegt. Und es heißt auch, daß der Bischof von Schwerin, ein Bruder jenes Umgekommenen, die Herzöge zu jenem Rachezug ins Quitzow-Land überredet hatte…

Gegen Kletzke, die stärkste Feste des Geschlechts, richtete sich also der feindliche Zug. Zuerst einmal wurde nach alter Sitte das Dorf in Brand gesteckt – und dann nahm man die Belagerung der Burg auf, in der sich die Brüder Johannes, Claus und Cuno mit der ganzen hiesigen Quitzow-Sippe verschanzt haben sollten. So jedenfalls berichteten es auch Überläufer aus ihrem Lager den feindlichen Heerführern – glaubhaft genug. Denn als der Sturm auf die Feste begann, verzichteten die herzoglichen Truppen darauf, sich rückwärtig abzusichern. Und während Lüneburger wie Lauenburger Gräben überwanden und Sturmleitern an die Mauern legten, fiel ein Trupp entschlossener Reiter von hinten über sie her: Der »alte Cuno« war nämlich vorerst doch auf Quitzöbel geblieben. Nun brachte er den bedrängten Brüdern Entsatz. Und die angeblichen Überläufer hatten im Auftrag der Quitzows gelogen… Die Überrumpelung gelang, das Heer der Herzöge floh. 50 Ritter gerieten in Gefangenschaft! Dieses romantische Schlachtengemälde jedenfalls entrollte Klöden in seiner romanähnlichen Quitzow-Biographie…

Der Sieg bei Kletzke – erfochten gegen ein überlegenes Heer zweier Fürsten allein durch die Quitzow-Privatarmee – bewies eindrucksvoll den Aufstieg des Geschlechtes zur militärischen Macht. Warnstedt resümierte: »Diese einmalige Leistung machte Cuno von Quitzow mit einem Schlage zu einem der damals bekanntesten Männer Norddeutschlands.«

In der Schlacht aber ritten – so hieß es – die beiden ältesten seiner 4 Söhne an seiner Seite, der 1366 geborene Dietrich und der vier Jahre jüngere Johann (Hans). Zum Stolze des Vaters bewährten sie sich im Kampfe. Diese beiden würden sich bald nicht mehr damit begnügen, führende Lokalgrößen in der abgelegensten Provinz zu sein – sie griffen nach der ganzen Mark. Für einen historischen Moment überstrahlten die Sterne der Quitzows nun auch wirklich landesweit alle anderen Lichter…

VOM BOCK ZUM GÄRTNER
Auf der Höhe der Macht

Verworren und kompliziert erscheinen die politischen Verhältnisse in der Mark zu Beginn des 15. Jahrhunderts – und man muß schon sehr genau Obacht geben, wer wann gegen wen kämpfte. Nicht umsonst kapitulierte Fontane im Quitzöbel-Kapitel seiner »Wanderungen durch die Mark« vor diesem Chaos. Nur eines bleibt sich dabei gleich: Stets standen die Gebrüder Quitzow auf der Seite der Sieger, bis sie zu unumschränkten Herren der Mark aufstiegen. »Quitzow-Zeit« nennen die Historiker dieses Jahrzehnt.

In medias res:

Endlich sah Markgraf Jost von Mähren eine Möglichkeit, Frieden zu schließen mit einem der Hauptfeinde Brandenburgs, dem Erzstift Magdeburg. Denn dort hatte man 1403 einen neuen Erzbischof gewählt, den »jungen und wilden« Günther von Schwarzburg. Und der stürzte sich gottlob vorerst in Kämpfe mit anderen Gegnern. Da mußte er sich an den Grenzen der Mark den Rücken frei halten! Und auch Jost hatte allen Grund, wenigstens an einer Front des Landes Brandenburg Waffenruhe zu schaffen. Die Pommernherzöge – verbündet mit den Magdeburgern und den Arnsteiner Grafen zu Lindow-Ruppin – waren ein Jahr zuvor mit ihrem Heere in die Mittelmark eingefallen. Die Burg Bötzow (am Ort des heutigen Oranienburg) hatten sie im Juli 1402 erobert. Spätsommers zog der Troß unter seinem »grimmigen Heerführer« Dietrich von Quitzow vor das ummauerte Strausberg. Mit Feuerpfeilen schoß das Kriegsvolk die Stadt am 21. September 1402 sturmreif, brandschatzte und verwüstete sie so grausam, daß die Einwohnerzahl auf ein Drittel zusammenschmolz. Die allzu schwache märkische Streitmacht mußte tatenlos zusehen, wie die Dörfer ringsum aufflammten ... Nun würgte der Feind von jenen festen Plätzen aus den Handel rings um die Doppelstadt Berlin-Cölln ab – damals die reichste und politisch führende Kommune des Landes. Teuerung und Not hielten Einzug auch in diesem Hauptort der Mark.

Jost von Mähren aber brauchte dringend »seine« Mark Brandenburg als sprudelnde Geldquelle. Denn in Böhmen kämpften derzeit die beiden luxemburgischen Brüder Sigmund und Wenzel sowie ihr Vetter Jost – jeder gegen jeden – um die Herrschaft im Land und die deutsche Königskrone. Also mußte rasch Frieden geschlossen werden wenigstens mit Magdeburg. Und am allersichersten schien es Jost, Vater und Onkel des neuen Erzbischofs, Günther und Heinrich von Schwarzburg, gleich zu Landeshauptleuten, seinen Statthaltern in der Alt- und Mittelmark, zu ernennen. Dann würde jeder Streit zwischen der Mark und Magdeburg in der Familie gütlich zu regeln sein! Dafür kam Jost sogar im Herbst 1403 endlich wieder einmal selber in die Mark.

Die Landstände der Mittelmark, die im November nach Berlin einberufen wurden, murrten nicht wenig. Vor allem in den Städten war der bisherige Landeshauptmann Johann von Mecklenburg-Stargard hoch geachtet. Hatte er doch mit Hilfe von Spandauer Bürgern im Herbst 1402 den gefürchtetsten Kämpen des Feindes – den »vermessenen und übermütigen« Dietrich von Quitzow – auf dem Thyrowberg bei Trebbin gefangengenommen! Und als eine große Schar Magdeburger Vasallen wie Prignitzer Quitzow-Freunde im November 1402 gen Spandau vorrückte, um den Gefangenen aus der dortigen Burg zu befreien –, da fielen bei Tremmen märkische Ritter und Bürger über sie her und rieben sie völlig auf. Und an der Spitze der siegreichen Streitmacht wehte das Banner Herzog Johanns, denn sein Feldmarschall Heinrich von Manteuffel führte sie an! Würden sich die neuen Statthalter ebenso energisch für den Schutz des Landes einsetzen? Aber letztlich fügten sich die Stände doch und erkannten am 24. November 1403 die Schwarzburger an – vielleicht brachte diese Wahl wirklich Frieden...

Nun also konnte Jost wieder so rasch als möglich in seine Heimat zurückkehren, »nachdem er seinen Beutel gefüllt hatte«, wie der Brandenburger Chronist Wusterwitz sarkastisch anmerkte. Denn dort drohte der Familienhader der Luxemburger in einen offenen Krieg auszubrechen. Vorher verfügte er noch, Dietrich von Quitzow freizulassen – und damit war's mit dem Frieden vorbei. Denn der mußte jetzt rasch und energisch handeln. Ein Einverständnis zwischen der Mark und Magdeburg untergrub die Machtstellung der Quitzows. Die hatte noch der »alte Cuno« vor seinem Tode – zwischen 1401 und 1403 – auf den Zwist beider Länder aufgebaut. Verpfändete doch Erzbischof Albrecht von Querfurt 1401 Burg Sandau bei Havelberg gleichsam zum Selbstkostenpreis an die Quitzow-Sippe, nur um schlagkräftige Parteigänger gegen Brandenburg zu gewinnen. Gerade der kostbarsten Erwerbung jener Familie aber drohte nun die größte Gefahr: Im Jahre 1400 hatte sich Johann von Quitzow mit Agnes von Bredow vermählt. Sie brachte als Mitgift Schloß Plaue in die Ehe, die mächtigste und wichtigste Burg des Landes! Am Havelufer bei der Stadt Brandenburg direkt an der Grenze zum Magdeburgischen gelegen, deckte sie den Eingang in die Mittelmark. Seit Jahrzehnten war ihr Besitz zwischen dem Erzstift und den Markgrafen umstritten und Anlaß zu mancher Fehde. Jost hatte sie dem Erzbischof Albrecht 1390 um 1 000 Schock böhmischer Groschen verkauft – aber auf der Burg saß Landeshauptmann Lippold von Bredow. Und der wollte die Burg nicht so einfach an den Feind hergeben. Wie sollte der ständig abwesende Jost ihn dazu zwingen? Aber ein stetiger blutiger Kampf um Plaue mit den Magdeburgern zermürbte den Landeshauptmann. 1399 – von Feinden umgeben – verkaufte er seinerseits das feste Schloß für 1 200 Schock an den Erzbischof, ja trat mit dem Landesfeind sogar in ein Bündnis! Da aber der Erzbischof Albrecht vorerst das Geld nicht herausrückte, steuerte Lippold mit diesem unglückseligen Streitobjekt seine Tochter aus und zog sich auf seinen Stammsitz Kremmen zurück – aufs politische Altenteil. Für seinen Schwiegersohn Johann von Quitzow aber diente Burg Plaue nun als ideale Basis für Übergriffe gegen die nahe, wohlhabende Stadt Brandenburg – so raubte er im Bunde mit den Magdeburgischen im Juli 1401 der dortigen Neustadt 300 Schweine von der Weide! Ein Rachezug Johanns am 8. März 1403 für die Gefangennahme seines Bruders scheiterte allerdings. Die Altstädter Bürger ließen sich nicht durch einen schwachen Scheinangriff aus den Toren herauslocken, wo im Hinterhalt die Hauptstreitmacht des Feindes lauerte – man holte lieber rasch auswärtige Hilfe. Und wieder war es Johann von Mecklenburg, der herbeieilte, das Angreiferheer zerschlug und 40 Ritter gefangennahm! Johann von Quitzow entkam nur mit knapper Not nach Plaue.

Aber als sich im Herbst 1403 die Mark Brandenburg und Magdeburg versöhnten, geriet gar ebenjene Burg selber für die Quitzows in Gefahr. Der neue Erzbischof Günther von Schwarzburg brauchte kein Auge mehr zuzudrücken, daß auf dem ihm eigentlich selber zugesicherten Schlosse ein Verbündeter gegen die Mark saß. Und die Brandenburger unter Führung der Schwarzburger Landeshauptleute würden ihm liebend gerne helfen, den Quitzow zu vertreiben. Das Fundament der Quitzow-Macht wankte bedenklich. Aber Dietrich – endlich in Freiheit – machte sogleich reinen Tisch: Der frisch ernannte Landeshauptmann Günther von Schwarzburg wollte nach seiner Ernennung von Berlin in die Hauptstadt der Altmark, Tangermünde, ziehen. Dazu mußte er mit seinem Gefolge über die Elbe setzen. Und während der Schwarzburger schon das jenseitige

Ufer erreicht hatte, brach herüben Dietrich von Quitzow mit seiner Schar aus den Büschen. Alles Gesinde, das dort noch auf die Fährfahrt wartete, das Gepäck und »die besten Kleinodien des Grafen« fielen dem Quitzow in die Hände. Keinen Fuß soll der derart Beraubte mehr in die Mittelmark gesetzt haben – der Überfall bewies ihm allzu deutlich, wer hier wirklich das Sagen hatte.

Verzweifelt erschien aber die Lage der Städte, vor allem Berlins, die »keinen Regenten oder Haupt« mehr hatten. Wer sollte nun die Feinde zurückdrängen, den Landfrieden sichern und die Straßen wieder für Handelszüge passierbar machen? Da kamen die Berliner Ratsherren auf eine groteske und nahezu revolutionäre Idee. Sollten doch jene das Brandenburger Land schützen, die es am grausamsten verwüstet hatten: die Gebrüder Quitzow! Schließlich besaßen nur sie auch die Kraft dazu...

Das Unglaubliche geschah – die Quitzows nahmen dieses Bündnis an und wechselten die Fronten. Nachdem sie sich mit den Schwarzburger Grafen – und also auch mit dem Magdeburger Erzbischof – überworfen hatten, brauchten sie jedenfalls Verbündete in der Mark. Klöden mutmaßt staatsrechtliche Gründe: Den Quitzows soll – als formalen Vasallen der Edlen Herren Gans zu Putlitz – durch politische Kräfteverschiebungen in der Prignitz die Wandlung von Mecklenburger zu Brandenburger Untertanen gedroht haben. Und als solche hätten sie ihr eigenes Land eh nicht mehr befehden dürfen – das wäre Felonie, Widersetzlichkeit und Rebellion gewesen. Nun, das Magdeburger Bündnis Lippold von Bredows zeigt aber, daß man es gerade in dieser wilden Zeit mit der Treue zum Landesfürsten kaum genau nahm. Auch patriotische Motive führen ältere Autoren wie Rudloff zugunsten der Quitzows an: Nach Vertreibung ausländischer, blutsaugerischer Obrigkeiten hätten nun die Quitzows ihre Heimat selber und besser regieren wollen. Jahrelange Fehden gegen das Brandenburger Land – der »alte Cuno« hatte schon seit 1399 an der Seite der Grafen von Lindow-Ruppin den Kampf gegen die Mark begonnen – sprachen jedoch nicht gerade von Vaterlandsliebe! Vorrangig haben gewiß Ehrgeiz, Geltungsbedürfnis und Machthunger die Quitzows getrieben: In den kommenden Jahren erwarben sie vor allem Burgen. Dörfer und gewinnträchtige Ländereien standen vorerst zurück.

Und so mag es Johann von Quitzow schon Befriedigung bereitet haben, daß er ohne alle Legitimation des Landesherrn als Hauptmann der Mittelmark anerkannt wurde – 800 Schock böhmischer Groschen versprachen die Berliner ihm für Schutz und Verteidigung des Landes auf ein Jahr. Und ihre wohlgerüstete Streitmacht stellten die Städte unter das Kommando des »grimmigen Heerführers« Dietrich von Quitzow.

Aber nicht alle Landstände der Mittelmark trauten diesem neuen Bündnis mit den alten Feinden. Mochten sich Berlin, Frankfurt und die östlichen Landstriche rings um den Barnim auch von den Quitzows Hilfe erhoffen – den Städten des Havellandes und dem Kloster Lehnin saß die Erinnerung an die zahllosen Überfälle und Fehden von Plaue aus tief: Man hatte Kampflust und Beutegier der Quitzows allzu hautnah erfahren! Also hielt sich die »Westhälfte« der Mark lieber weiterhin zum »offiziellen«, wenn auch abwesenden Statthalter... Das Land Brandenburg war gespalten. Es mußte sich erweisen, welcher Teil recht behielt – ob sich die Quitzows wirklich vom Saulus zum Paulus wandelten oder ob man den Bock zum Gärtner gemacht hatte.

Vielversprechend und ruhmreich trat jenes Bündnis in Kraft: Am 17. September 1404 erstürmte das Städteheer unter Dietrich von Quitzows Führung Strausberg. Dietrich nahm den Pommern ebenjene Stadt wieder ab, die er zwei Jahre zuvor für sie erobert hatte. »Er hat das verschüttete Mus wieder wollen auflesen«, schrieb der Chronist Wusterwitz. Seine gefangenen Mannschaften mußte der Pommernherzog Svantibor für teures Geld freikaufen. Und dieses Geld bekam erst einmal der Berliner Rat zur Aufbewahrung, wie auch die Stadt von

Truppen des Städteheeres besetzt blieb. Burg Bötzow – anschließend gleichfalls von den Pommern zurückgewonnen – behielt Dietrich allerdings in persönlichem Besitz. Und als Herzog Svantibor übers Jahr zurückzuschlagen drohte, sorgte der Quitzow sich energisch um die Verteidigung des Barnim. Denn die Städte wollten sich nach der Befreiung von den Pommern keinesfalls weiter in Unkosten stürzen…

Aber der siegreiche Feldherr blieb populär in der Doppelstadt. Der Chronist Wusterwitz malte ironisch aus, wie die reichen und angesehenen Bürger in Berlin und Cölln reihum Dietrich von Quitzow zu köstlichen Gastmälern baten, »den Tisch gezieret mit schönen Frauen und Saitenspiel«. Wer ihn nicht derart bewirtete, dem drohte Verachtung und Ausschluß von der Gesellschaft. Zu seiner Herberge geleiteten die Städter den »grimmigen Heerführer« mit Laternen, Fackeln und Gesängen. Oft wurde ihm zu Ehren ein Abendtanz »mit schönen gezierten Jungfrauen« gehalten und sogar der teure welsche Wein eingeschenkt. Über dem Kämpen und Draufgänger strahlte die Sonne des Ruhmes und nahezu fürstlicher Ehren.

Derweil gab sich sein Bruder Johann ganz als souveräner Regent der Mittelmark: Er zog allerorts die Steuern, den Landschoß ein! Natürlich setzte er dabei selber die Rechtsmaßstäbe – besonders wenn es gegen seine Feinde ging. Nie hatte das Kloster Lehnin von seinen Gütern Steuer gezahlt. Aber da der Abt Heinrich Stich den geistigen Kopf jener Anti-Quitzow-Partei darstellte, verlangte Johann auch hier den Landschoß ab. Und die erwartungsgemäße Verweigerung jeder Zahlung bot ja offiziellen Anlaß zu einer Fehde gegen das Kloster. Die Quitzow-Scharen fügten den Klostergütern so lange »großen schweren Schaden durch Raub und Brandstiftung« zu, bis sich der Abt notgedrungen zu einem Vergleich bereit fand…

Nachtragend waren die Quitzows allemal – eine Kränkung vergaßen sie nicht so rasch. Da rief im Herbst 1407 Markgraf Jost den Herzog Johann von Mecklenburg-Stargard nach Berlin. Freies Geleit war dem Mecklenburger zugesichert – dem einzigen Mann, der bisher den Quitzows erfolgreich die Stirn geboten hatte. Wollte Jost den ehemals so populären Mann etwa wieder als »offiziellen« Landeshauptmann einsetzen? So kam der Herzog auch nur bis Liebenwalde – dort lauerten ihm die Quitzows auf und verschleppten den persönlichen Feind nach Plaue »in schweres Gefängnis«. Von Lösegeld war nicht die Rede – hier verwob sich politische Ranküne mit persönlichen Rachegefühlen.

Aber auch seine märkischen Freunde hatten den Herzog nicht vergessen. Die Bürger der Brandenburger Neustadt jedenfalls schmiedeten einen Fluchtplan.

Den Abend des Festes Mariä Reinigung am 2. Februar 1408 feierten die Wachmannschaften auf Plaue wieder einmal feuchtfröhlich. Unbemerkt befreite währenddessen ein bestochener Bäckersknecht den Herzog aus seiner Haft. »Barfuß und in geringer Kleidung« überstieg der fürstliche Gefangene die Burgmauer. Am anderen Ufer der zugefrorenen Havel erwartete ihn schon eine Brandenburger Reiterschar, um ihn hinter die nahen Stadtmauern zu geleiten. Aber der Entflohene irrte orientierungslos in der klirrend kalten Nacht umher, bis er erschöpft in einem Gebüsch niedersank. Befreiter und Befreier fanden einander nicht – aber Johann von Quitzow entdeckte am nächsten Morgen beide... Der Herzog gab sich selbst den Verfolgern wieder gefangen – besser im Burgturm liegen als erfrieren! Über die erfolglosen Geleittruppen aber fiel Johann »grausamlich mit feindlicher Gebärde« her, tötete, machte Gefangene. Und siehe da – die Hälfte von ihnen, die Altstädter Reiter, wußten wirklich nichts von der Flucht. Die Neustädter hatten ihnen nur gesagt, es würde ein Feind erwartet. Das konnten sie sogar beschwören! Johann von Quitzow ließ sie sofort frei – nur für die Neustädter mußte ihr Rat erst einmal Lösegeld zahlen. Es endete mit einem scharfen Zwist beider Brandenburger Städte. Ein dreiviertel Jahr hielten sie ihre Stadttore gegeneinander geschlossen, nur mit Passierschein kam man von der

Alt- in die Neustadt und umgekehrt. Den Herzog Johann aber brachte Johann von Quitzow nach Bötzow – fort von allzu kühnen Sympathisanten ... Bis zum 25. Dezember 1408 blieb der Herzog in harter Haft, trotz aller Einwendungen und Proteste seines Bruders Ulrich von Mecklenburg und anderer norddeutscher Fürsten. Und auch dann kam er nur frei im Zuge eines »Gefangenenaustausches«. Denn Johann von Quitzow war am 1. Oktober auf einem Fehdezug ins Mecklenburgische bei Lychen dem Herzog Ulrich in die Hände gefallen. Man mag sich verwundern, daß Dietrich Austausch und Befreiung drei Monate hinzog – aber es galt einmal wieder die Mark zu verteidigen.

Im Juni 1408 waren Magdeburger Stiftsvasallen und altmärkische Ritter ins Havelland vorgedrungen. »Kirchen und Kirchhöfe und arme Klosterjungfrauen schinden und rauben sie«, schrieb der Brandenburger Bischof Henning von Bredow an die Stadt Berlin. Das aber konnte Johann von Quitzow als Landeshauptmann so nahe bei seiner Burg Plaue nicht dulden – in einem Gefecht bei Gloina (nahe Görzke im Fläming) tötete er am 10. Juli 1408 Conrad von Wulffen, den Anführer der Feinde. Er selber büßte dabei ein Auge durch einen Lanzenstich ein (kein Wunder, daß der so Verstümmelte keine drei Monate später den Mecklenburgern im Kampfe unterlag!). Aber damit war die Fehde nicht beendet. Im Oktober rückte ein starkes Magdeburger Heer ins Havelland vor. Bei solchem Kriegsgeschrei mußten für Dietrich von Quitzow die Bruderpflichten erst einmal hintanstehen – beim Dorf Glienicke östlich Ziesars schlug am 22. Oktober 1408 eine märkische Streitmacht unter seiner Führung die Eindringlinge zurück. An die hundert nahm man gefangen. Und in der Katharinenkirche der Brandenburger Neustadt hing noch lange ein gegnerisches Banner, das ein hiesiger Bürger an diesem Tage erobert hatte.

Man muß es den Quitzows lassen – unter ihrem energischen Regiment blieb die Mittelmark von äußeren Feinden verschont. Gerade die Siege bei Gloina und

Glienicke zählte Heidemann zu den »ruhmvollsten und zugleich patriotischsten Taten der Quitzows«. Aber natürlich bauten die Brüder bei alledem auch ihre eigene Macht aus: Im Winter 1407/08 nahmen sie die markgräflichen Burgen Saarmund und Köpenick in Besitz, »mit Gewalt« – schrieb Wusterwitz – »haben sie die Schlösser ausgestritten«. Aber als im November 1408 Markgraf Jost wieder ins Brandenburger Land kam, waren Amtsanmaßung, Wortbruch und Rechtsüberschreitung völlig vergessen. »Die Quitzows, die solches Jammers und Betrübnis die größte Ursach gewesen, haben dennoch die fürnehmsten Stellen an des Markgrafen Hofe gehalten und für andern allen angesehen worden gleich als seine andere Hand«, berichtete Wusterwitz. Denn diese Familie besaß schließlich jene Finanzmittel, die der Markgraf benötigte, um seinen Traum von der deutschen Königskrone durchzufechten. Was sollte er da Zeit, Kriegsmacht und Unkosten aufbringen, die Quitzows zu bekämpfen? Lieber verpfändete er ihnen für teures Geld einen festen Platz des Landes nach dem anderen – im Dezember 1408 die Stadt Strausberg, im Januar 1409 die Stadt Rathenow. Die Burg Friesack gar verkaufte Jost dem Dietrich von Quitzow im folgenden Sommer sogar erblich – sie wurde nun dessen ständiger Aufenthaltsort. Nur zu einem konnte sich der Markgraf nicht bereit finden – die Quitzow-Brüder erhielten keine offizielle Ernennung zu Landeshauptleuten. Denn nicht nur ihren märkischen Feinden setzten die beiden hart zu – in ihrer Fehdelust griffen sie auch die Nachbarfürsten an, plünderten und verwüsteten ihre Länder. Klagen hörte man aus Pommern, vom deutschen Orden in der Neumark und den Herzögen von Sachsen-Wittenberg. Selbst Berlin, das ja die Quitzows in ihr Regiment eingeführt hatte, bekam es jetzt mit der Angst – sämtliche seiner Handelsstraßen wurden von Quitzow-Festen beherrscht. Also erwarb der Magistrat im Herbst 1409 von dem Landesherren – teuer genug – den Pfandbesitz über Köpenick. Die Stadt Köpenick gab Dietrich von Quitzow im Oktober zwar zähneknirschend heraus. Aber von der Burg, die die wichtigen Wasserstraßen Spree und Dahme sperren konnte, rückte er nicht ab. Nun begann ein jahrelanger Rechtsstreit um das feste Schloß. Gegen die Berliner Ansprüche stellte Dietrich von Quitzow eine beträchtliche Gegenforderung auf: 1300 Schock böhmischer Groschen müsse ihm die Stadt auszahlen! Wusterwitz wollte gehört haben, daß diese Summe ein versprochenes Dienstgeld für den Schutz des Landes darstellen sollte – was der Rat der Stadt bestritt. Die erhaltenen Akten aber sprechen nur von einem anderen Streitobjekt: Dietrich verlangte, daß Berlin ihm das gesamte hinterlegte Lösegeld für die pommerschen Gefangenen aus Strausberg auszahle! Der Rechtsstreit zog sich hin. Kein Gericht, keine Ständeversammlung der Mark sah sich in der Lage, die Quitzows einem für sie ungünstigen Urteil zu unterwerfen. Meist ignoriert Dietrich bereits die Vorladungen – »nach Berlin reite ich nicht«, schrieb er einmal kategorisch. Swantibor von Pommern, der neue Statthalter des Markgrafen, vermochte auf die Beschwerden der mittelmärkischen Stände nur zu beteuern, er hätte Dietrich ja brieflich vermahnt. Auch ökonomischer Druck konnte den »grimmigen Heerführer« nicht zermürben: Die Berliner Bürgerschaft entrichtete bei Köpenick keinen Zoll mehr und behielt dem Quitzow die Zinsen aus den Lösegeldern vor. Dafür erpreßte der von ungeschützten Barnimdörfern vor den Stadtmauern, die der Stadt oder ihren Bürgern gehörten, unverfrorene Abgaben. »Sonst will ich euch alles nehmen, was ihr habt«, drohte er zum Beispiel Lichtenberg.

1410 kulminierte der Konflikt:

Anfang September rückte Dietrich von Quitzow an der Spitze einer großen Truppenschar von Bötzow aus. Überall dachte man, der Zug ginge ins Ordensland Preußen, um dort den bedrängten Kreuzrittern gegen die Polen beizustehen. Und so ließen die Berliner auch ihre Viehherden arglos außerhalb der Mauern, auf den Wiesen und Äckern am nördlichen Spreeufer weiden. Plötzlich aber fiel die Quitzow-Schar über die städtischen Kühe und Schweine her und trieb sie in Richtung auf Bötzow fort. Natürlich setzten bewaffnete Bürger sofort den Räubern nach. An der Tegeler Mühle, so ist es in Klödens Buch geschildert, kam es zum Gefecht, und die Städter unterlagen kläglich. 16 namhafte Berliner nahm Dietrich von Quitzow gefangen. Dem Nikolaus Wins aus einer Ratsherrenfamilie legte man sogar eiserne Fußfesseln an wie einem Räuber! Der Rat beschwerte sich erst einmal schriftlich bei Dietrich, er solle das Vieh zurückgeben und wegen »Mord und Knochenzerhauen« Buße zahlen. Denn dieser Überfall war ja in tiefstem Frieden geschehen, ohne jeden vorangegangenen Fehdebrief. Den holte Dietrich von Quitzow nun in seiner Antwort nach: »Ich kann euch strafen, wie man unedle Leute strafen soll, die unedle Dinge schreiben. Könnte ich von dem Euren noch viel mehr habhaft werden, so würde ich das mit Ehren wohl behalten!« Auch wenn bestellte Unterhändler des Markgrafen zumindest den Gefangenen die Freiheit erwirkten – das Bündnis zwischen den Städten und den Quitzow-Brüdern war zerbrochen. Berlin mußte schmerzhaft erfahren, daß es wirklich den Bock zum Gärtner gemacht hatte. Wusterwitz, als Bürger der Brandenburger Neustadt erklärter Quitzow-Feind, resümierte hämisch: »Was hätten ihm (Dietrich von Quitzow) die Berlinschen mehr tun sollen, das sie nicht getan hätten? Was er aber den Berlinschen und Märkern allen für Widergeltung getan, ist bekannt und offenbar. Oh du außerwählter Weingarten! Wie ist die fleißige und getreue Arbeit, so an dir geleget und getan, so ganz und gar verloren. Wir hätten wohl verhofft, du würdest uns süße wohlschmeckende Trauben bringen, so hast du uns zuletzt wilde, saure Trauben und Herlinge gebracht.«

Daß es Dietrich von Quitzow ungestraft wagte, das »Haupt« der ehemals mit ihm verbündeten Städte so zu demütigen, zeigt die unbegrenzte Macht der Brüder auf ihrem Höhepunkt. Die Sterne des Quitzow-Banners überstrahlten nicht nur jedes andere Licht in der Mark, sie warfen ihren gefährlichen Glanz auch schon auf die Fürstenthrone ringsum. Zweifel kamen allerwärts auf, ob ihnen überhaupt die benachbarten Landesherren gewachsen wären. Den märkischen Städten boten 1410 die Herzöge von Sachsen-Wittenberg ein Bündnis an gegen das Quitzowsche Kriegsvolk, das seit einem Jahr ihr Land heftig befehdete. Aber so tollkühn waren die Bürger nun wirklich nicht – umgaben sie doch allerwärts Quitzow-Schlösser, »daß einer kaum ohne Gefährlichkeit seines Lebens hat spazierengehen dürfen vor den Städten«. Und in ebenjenem Jahr gewann Johann von Quitzow noch die starke Nutheburg Beuthen bei Trebbin hinzu. Ihren Bruder Heinrich ließen die Quitzows in Paris studieren – beste Referenz für ein zukünftiges Bischofsamt. Vornehmste Adelsgeschlechter zählten sie zu ihren Verwandten und Freunden – Johann war mit den Bredows verschwägert, Dietrich durch seine Gattin Elisabeth mit den Schenken von Landsberg auf Teupitz. Kaspar Gans Edler Herr zu Putlitz, Landeshauptmann von Prignitz und Altmark, galt als engster Vertrauter der Brüder. Hatten sie ihm doch genug Geld vorgestreckt, daß er 1409 vom Markgrafen das Schloß Tangermünde und die nahe Vogtei Arneburg pfandweise erwerben konnte – der Reichtum der Quitzows schien gleichfalls unerschöpflich. Auch verstanden sie sich darauf, mit fürstlichem Prunk hofzuhalten. Als am 24. Juni 1410 dem Dietrich ein Sohn geboren wurde, versammelte sich die ganze Familie in Friesack zur Tauffeier »in großer Pracht und Hoffart«. So schreibt der Chronist Wusterwitz, und er weiß von »silbern Gürteln und güldenen Ketten, silbern Dolchen und Schwertern« zu berichten. Danach zog die ganze Gesellschaft zur nächsten Taufe nach Tangermünde – wo der Edle Herr Kaspar Gans ebenfalls frische Vaterfreuden genoß. Klöden malte das Fest am 15. Juli in balladenhaft dunklem Glanz: Da wurde zum Abschluß der Totentanz aufgeführt, das Los bestimmte für den Part des Toten den vierten der Quitzow-Brüder, Conrad auf Hohenwalde. Der zögerte, den ganzen Tag schon von Todesahnungen gequält. Aber er spielte dann doch seinen Tod, indem er mitten im Tanze leblos niederfiel… Nach jener Doppelfeier mußte man auf der Heimreise noch einmal über die Elbe setzen – an jener Fährstelle, wo dereinst Dietrich von Quitzow den Landeshauptmann Günther von Schwarzburg überfallen hatte. Im ersten Boote saßen neben Dietrich sein Bruder Conrad und sein Schwiegervater Apitz, 23 »Reuter« – Reisige und Herren – begleiteten sie. Ihre Pferde führten sie mit sich – ob sie nun in der Fähre standen oder nachgezogen wurden. Mitten auf dem Strome schlug Wasser über Bord, und das derart überladene Schiff versank. Dietrich und sein Schwiegervater vermochten sich an Pferden festzuklammern und sich so zu retten, alle anderen ertranken – darunter Conrad von Quitzow, wie es sich in alten Legenden nach solch düsteren Vorzeichen auch geziemt…

Den Stadtbürgern und allen Feinden der Quitzows erschien dies – man kann es bei Wusterwitz nachlesen – wie ein Gottesgericht über das hochfahrende, selbstherrliche Geschlecht. Und jeder Biograph der Familie kommt nicht umhin, in diesem Unglück den ersten ernsthaften Schatten auf dem Glanz der Quitzow-Sterne zu sehen – hier brach jene unglaubliche Glückssträhne ab, die das Geschlecht vom ländlichen Dienstadel in der entlegensten Provinz zu Beherrschern der Mark emporgehoben hatte. Nun aber folgte ihr Sturz – die Quitzow-Zeit ging ihrem Ende entgegen.

GEGEN DEN NÜRNBERGER TAND
Der Kampf mit Friedrich von Hohenzollern

Nein – dem neuen »Verweser und obersten Hauptmann« der Mark wollten sich die Gebrüder Quitzow und ihre Adelsfreunde nicht beugen! Einen Burggrafen zu Nürnberg, Friedrich von Hohenzollern, setzte ihnen da König Sigmund von Luxemburg 1411 vor – wieder einen landfremden Herren irgendwo aus dem Süden des Reiches. Denn am 18. Januar dieses Jahres war Jost von Mähren gestorben, wenige Wochen nachdem er endlich in einer verworrenen und ergo umstrittenen Wahlprozedur gegen Sigmund die deutsche Königskrone errungen hatte. Kein Wunder, daß mancher von Vergiftung munkelte! Nun, so beliebt war Jost in Brandenburg gewiß nicht, daß man ihm irgend nachtrauerte. Jedenfalls fielen jetzt Sigmund Königswürde wie auch der Besitz der Mark zu – bei seinen vielen Herrscherpflichten konnte er jedoch Brandenburg keinesfalls selber regieren. Und da stellte es schon einen demonstrativen Wink auf diese Vakanz dar, daß jener Abordnung der märkischen Stände, die dem neuen Landesherren im Sommer 1411 im ungarischen Ofen (heute Budapest) huldigte, vom Adel allein Kaspar Gans Edler Herr zu Putlitz mit einigen altmärkischen Schloßgesessenen angehörte. Dieser vornehmste Standesherr und Erbmarschall Brandenburgs, Landeshauptmann von Prignitz und Altmark, durfte schon darauf hoffen, vom König zum Regenten oder Statthalter über das ganze Land eingesetzt zu werden. Das hätte natürlich auch seinen Freunden, den Quitzow-Brüdern und all jenen, die ihnen anhingen, gefallen. Die äußerten schon sehr vernehmlich – wie es die Magdeburger Schöppenchronik überliefert: Uns ist Kaspar Gans zu Putlitz Markgraf genug. Eine einheimische Respektsperson, mit den Mächtigen ringsum befreundet und verschwägert – konnte denn der König nach all den schlechten Erfahrungen mit den autoritätsarmen, auswärtigen Landesverwesern eigentlich eine bessere Wahl treffen?

Natürlich konnte er das – denn in seinem Gefolge gab es einen zuverlässigen Mann, dem sich Sigmund persönlich verpflichtet fühlte: Friedrich von Hohenzollern. Burggraf zu Nürnberg. Seit 1191 mit der Hut jener bedeutenden Reichsfeste betraut, hatte das Geschlecht der Hohenzollern ringsum die mächtigste Grundherrschaft Frankens begründet. 1396 zogen die Brüder Johann und Friedrich mit dem ungarischen König in den Kampf gegen die vorrückenden Türken, und ohne Hohenzollernschen Beistand hätte Sigmund in der Schlacht bei Nikopolis sein Leben verloren. Den größten Dank aber schuldete der Luxemburger dem Burggrafen Friedrich, weil dieser bei jener fragwürdigen Königswahl 1410 für ihn die Brandenburger Kurstimme widerrechtlich okkupiert hatte. Durch jene taktischen Winkelzüge trug Sigmund jetzt, nach Josts Tod, unangefochten die deutsche Krone. Und der König erwies sich stets als großzügig!

Am 8. Juli 1411 wurde Friedrich von Hohenzollern als oberster Hauptmann und Verweser der Mark Brandenburg eingesetzt, um dort mit dem »kriegerischen und verderblichen Wesen« aufzuräumen. Für diese Herkulesarbeit gestand ihm der König die enorme Summe von 100 000 ungarischen Goldgulden zu! Natürlich zahlte Sigmund so viel Geld nicht in bar aus. Der Hohenzoller erhielt statt dessen als Pfandbesitz ebenjenes Land selber, das er befrieden sollte. Es war ganz unwahrscheinlich, daß die hochverschuldeten Luxemburger jemals die Mark wieder einlösen könnten. Letztlich hatte Sigmund damit das Land bereits an die Hohenzollern abgetreten, auch wenn er Friedrich erst 1415 urkundlich und 1417 formal zum rechtmäßigen Landesherren Brandenburgs, Markgrafen und Kurfürsten erhob. Der desolate Zustand der Mark machte ihren Besitz für die Luxemburger eh wertlos: Sie warf nichts mehr ab, blieb unverkäuflich, erforderte allzu hohen Aufwand an Kosten und Kraft, um wieder Gewinne herauszuwirtschaften.

Also übergab sie der König seinem »Geschöpf«, das er wie einen leiblichen Sohn liebte – so schrieb Sigmund 1420 selber über den Burggrafen Friedrich. Damit kam die Mark wenigstens nicht in feindliche Hände!

Und diesen Beschluß teilte der König nun den märkischen Deputierten kurz vor ihrer Heimreise aus Ofen mit. Es kam aber noch härter für den mächtigen märkischen Adel – der König verkündete als wichtigste Maßnahme des neuen Landeshauptmanns, daß er die verpfändeten markgräflichen Burgen und Städte wieder einlösen solle. Daß sie diese festen Plätze in den Händen hielt, begründete schließlich die Macht der Quitzows und ihrer Sippschaft! Mochten die Abgeordneten der Städte – das Gros der Deputation – »gar sehr erfreut« sein und »fröhlich wieder zu Lande kommen«, den Quitzows war jener Burggraf suspekt und höchst gefährlich. Zum Glück beschäftigte den neuen Statthalter selber erst einmal die auswärtige Reichspolitik im Namen der Krone vollauf. Und den ernannten Unterhauptmann, Wend von Ileburg, nahm man in der Mark erst gar nicht ernst und gab ihm trotz königlicher Mahnbriefe keine Burg heraus. Statt dessen widmete sich die Ritterschaft unverzagt weiter ihrer Lieblingsbeschäftigung: Fehden zu führen. Besonders an den Grenzen der Mark gingen die Beutezüge herüber und hinüber, denn die adeligen Standesherren der Nachbarländer hielten wacker dagegen. Die beiden Quitzows suchten immer wieder – gemeinsam mit Kaspar Gans zu Putlitz – den Elb-Havel-Winkel, das magdeburgische Land vor den Toren ihrer festen Plätze Plaue und Rathenow, heim. Manchmal brannte eines der ausgeplünderten Dörfer auch noch vollständig nieder – wie Altenplathow am 22. Februar 1412. Meist jedoch ersparte man dem Ort die völlige Zerstörung – das war durchaus gewinnversprechender. Ließen die Ritter sich doch solche Schonung teuer genug durch »Brandschatzung« bezahlen: Die Bauern mußten nachträglich in den Quitzow-Festen bares Geld, Getreide oder sogar Bier abliefern. Für all dies war der Bedarf groß, schließlich hatten die Quitzows die Mannschaften auf ihren vielen Burgen zu verköstigen und zu bezahlen. Da konnte schon einmal ein Dorf wie Böhne im Jahre 1412 gleich dreimal derart nach Rathenow zur Kasse gebeten werden!

Am 21. Juni 1412 traf nun Friedrich von Hohenzollern selber mit einem Gefolge fränkischer Ritter in der Mark ein, um endlich Ruhe und Ordnung wiedereinzuführen. Als erstes berief er eine Ständeversammlung in die Stadt Brandenburg, um ihm als der rechtmäßigen Landesobrigkeit »mit aufgerichten Fingern zu schwören, getreu, huld und gehorsam zu sein«. Bei ihrer Eröffnung am 10. Juli jedoch waren die Reihen erschreckend gelichtet. Zwar huldigten die Städte aus der Mittelmark und dem Lande Sternberg wie auch die »lieben getreuen Bischöfe« dem Hohenzollern. Aber in den Reihen der Ritterschaft klafften riesige Lücken. Hatten sich doch die mächtigsten Standesherren mit ihrem jeweiligen Anhang, Kaspar Gans zu Putlitz, sein Schwiegersohn Wichard von Rochow auf Burg Golzow, Achim von Bredow und allen voran die Gebrüder Quitzow verschworen, »wider den Herren Burggrafen feste beieinander zu stehen«. Und wen gleiche Interessen mit dieser Adelsfronde verbanden oder wer ihre Macht zu fürchten hatte – der blieb der Huldigung fern. So war denn auch vom Adel aus Altmark, Prignitz, Havelland und Barnim allein der Edle Herr Kaspar Gans zu Putlitz selbst erschienen – nur um dem Hohenzollern eine Kopie seiner königlichen Vollmachten abzufordern: Die Daheimgebliebenen müßten sie erst einmal gründlich überprüfen – vor allem natürlich, was die Herausgabe der Burgen betraf! Zu guter Letzt reiste sogar noch ein altmärkischer Landschreiber nach Ungarn, um im Auftrage der Huldigungsverweigerer den königlichen Willen in den strittigen Punkten erneut akkurat zu erfragen – vielleicht ließ sich Sigmund doch noch umstimmen! Aber der König nahm nichts zurück – barsch anwortete er, Kaspar Gans zu Putlitz hätte wohl seinen persönlichen Befehl vom Vorjahr »vergessen oder wollte ihn vergessen und nicht wissen«. Man solle – schrieb er am 12. August 1412 an die widersetzlichen Stände – gefälligst den Burggrafen anerkennen und ihm gehorchen! Aber auch diesen königlichen Briefen erging es wie all ihren Vorläufern – die Quitzows und ihre Freunde beachteten sie nicht. Johann von Quitzow brüstete sich – so berichtet die Magdeburger Schöppenchronik: Auch wenn es ein ganzes Jahr Burggrafen regnete – er würde kein Schloß herausgeben. »Nürnberger Tand« schimpfte man unter jenen Frondeuren den Hohenzollern – die mächtige Ritterschaft glaubte ihn gewiß ebenso zur Seite drängen zu können wie seine Vorgänger. Auch den im August 1412 vom Burggrafen ausgerufenen Landfrieden mit seinem Fehdeverbot ignorierten die Verschworenen.

Friedrich von Hohenzollern aber ging gleichsam auf leisen Sohlen ohne Waffenlärm Schritt für Schritt vorwärts im Ausbau seiner Macht. Er zog von Stadt zu Stadt, ließ sich allerorts noch einmal den Treueid schwören, bestätigte den Bürgern ihre Priviligien und erneuerte huldigungsbereiten Adligen ihre Lehen. Und immer mehr waren nun dazu bereit – am 14. September 1412 zum Beispiel legte ein großer Teil des havelländischen Adels in Berlin den Huldigungseid ab.

Aber auch außenpolitisch fand der Nürnberger Burggraf unter den Quitzow-Gegnern Rückhalt: Der Magdeburger Erzbischof Günther von Schwarzburg schloß am 19. September 1412 mit Friedrich von Hohenzollern einen Friedens- und Beistandsvertrag auf 2 Jahre, einander beim Kampf gegen innere und äußere Feinde zu unterstützen. Mit Sachsen-Wittenberg war Burggraf Friedrich sowieso gut Freund – hatte er doch seinen Sohn Johann mit der Tochter Herzog Rudolfs von Sachsen verlobt (obwohl beide Brautleute noch keine acht Jahre zählten...). Bedrohung aber kam dem Hohenzollern aus dem Norden – um ihren uckermärkischen Pfandbesitz vor der Einlösung zu verteidigen, fielen die Herzöge von Pommern-Stettin mit ihrer Heeresmacht in die Mark ein. Der Chronist Wusterwitz vermutete allerdings, daß die Quitzows ihnen da auch kräftig zugeredet hätten. Nur auf sein fränkisches Rittergefolge und das Aufgebot einiger Städte gestützt, konnte der Hohenzoller allerdings im Oktober 1412 am Kremmer Damm dem Vormarsch der Pommern Einhalt gebieten. Durch diesen Erfolg war nun die Autorität des neuen Herrschers derart gewachsen, daß er auch in Altmark und Prignitz umherreisen und seine Huldigung einfordern konnte.

Langsam wurde die strikte Ablehnung der neuen Obrigkeit selbst den frondierenden Rittern ungemütlich. Denn König Sigmund beschied sie am 30. Oktober 1412 vor sein Hofgericht. Erschienen sie dort, war das Urteil zugunsten des Burggrafen Friedrich gewiß, erschienen sie nicht, drohten die Reichsacht und der Verlust all ihrer Besitzungen. Also huldigten die Quitzows, Kaspar Gans zu Putlitz und die anderen »Verschwörer« zähneknirschend in Berlin ihrem Feinde und schlossen am 4. und 5. April 1413 auch einen Vertrag mit ihm. Glimpflich waren sie davongekommen. Nur jeweils ein Pfandobjekt mußten die drei Anführer herausgeben: Dietrich von Quitzow die Stadt Strausberg, Johann von Quitzow Stadt und Burg Saarmund und Kaspar Gans zu Putlitz das Schloß Tangermünde. Dafür allerdings gab's vorerst nur Schuldverschreibungen des Hohenzollern anstelle klingender Münzen – bares Geld war knapp in den burggräflichen Kassen ... Die Quitzows gestanden sogar schriftlich die Rückgabe Rathenows zu – sobald »unser gnädiger Herr Herr Friedrich Burggraf zu Nürnberg« die Pfandsumme nur »entrichtet und bezahlt« hätte. Aber dafür erwies sich das hohenzollerische Säckel nun doch als allzu schmal – und den Quitzows blieb die wehrhafte Stadt vorerst erhalten, ebenso wie auch die Burgen Friesack, Plaue und Beuthen.

Ihre widerwillig geschworene Lehnstreue mußten die Quitzows allerdings auch sogleich unter Beweis stellen. Die Gebrüder von Maltitz nämlich wollten ihren Pfandbesitz, das Schloß Trebbin, nicht herausgeben, von dem aus man so bequem in den Teltow und gegen die Lehniner Klostergüter auf Fehde ziehen konnte. Aber hier griff Friedrich von Hohenzollern erstmals durch, bot den ganzen havelländischen Adel zur Eroberung der Burg auf. Und da kamen nun auch die vormaligen Verschwörer zusammen – beide Quitzow-Brüder, Wichard von Rochow, Achim von Bredow leisteten dem Burggrafen Heerfolge. Doch ganz so ernst nahmen die Quitzows jene Kriegspflichten nun auch nicht – wenn sie nun schon mit ihrem Gefolge vor Trebbin lagen, sollte es sich auch lohnen. Also fielen sie einmal kurz ins Jüterboger Flämingland ihres Feindes, des Magdeburger Erzbischofs, ein. Dietrich nahm sich den Ort Hennikkendorf vor – 129 Schock Groschen Schaden entstanden insgesamt, und man staunt heute, was die Quitzow-Schar so alles heim nach Schloß Beuthen schleppte: nicht nur Pferde und Ochsen, sondern auch »von drei Besitzern Bettgewand«, 13 Frauenkleider, Hausgerät aus acht Höfen und für den Abtransport natürlich auch einen Wagen! Dann reihten sich alle wieder ins Belagerungsheer ein, das die Burg Trebbin am 23. April 1413, dem Ostertage, auch eroberte. Damit hatten die Quitzows nun auch den Burggrafen vorgeführt – unter seinen Augen griffen sie ungestraft seinen Vertragspartner, den Magdeburger Erzbischof Günther von Schwarzburg an, gerade als die Gebrüder von Maltitz abgestraft und gefangengesetzt wurden. Ob der Hohenzoller wenigstens in energischen Worten die Ritter an ihre Vasallentreue zu mahnen versuchte – wie Riedel vermutet? Die Quitzows trieb jedenfalls jetzt erst recht eine geradezu hektische Kriegslust gegen die Lande des Magdeburger Erzstiftes; ununterbrochen gingen sie auf Streifzüge, wobei sie stets zwischen dem Elb-Havel-Winkel und dem Jüterboger Land hin- und herwechselten. Am 14. Mai brannten Johann von Quitzow, Wichard von Rochow und Achim von Bredow den Marktflecken Tuchheim bei Genthin nieder, am 1. August ging Genthin selber – völlig ausgeplündert – in Flammen auf. Am 23. Mai fiel Dietrich von Quitzow gemeinsam mit Kaspar Gans zu Putlitz und Wichard von Rochow über die Dörfer des Klosters Zinna her – dem auch Hennikkendorf gehörte und dem man wohl seine Klage über den vorangegangenen Überfall beim Burggrafen übelnahm. Dabei gingen die Ritter recht rational vor: In den »grenznahen« Dörfern – Bardenitz, Pechüle, Mehlsdorf – nahm man das ganze Vieh, Pferde, Rinder, Schafe und Ziegen fort, tiefer im Feindesland hielt man sich nur an die Pferde, die einfacher und schneller heimzutreiben waren. Sonst gab es keinerlei Schranken: In Frankenförde erschlugen die Plünderer den Schulmeister, nachdem sie ihn zuvor nackend ausgezogen hatten. Und die Bauern, die man als »Hilfsviehtreiber« mitzugehen zwang, wurden in Schloß Golzow derart hart gehalten, daß einer noch nach seiner Auslösung an den Folgen verstarb. Natürlich rief der Klostervogt in aller Eile die verfügbaren Männer in Luckenwalde, Zinna und Grüna zu den Waffen, um den Räubern nachzusetzen. Aber gegen die fehdeerfahrenen märkischen Herren hatten sie eh keine Chance, sondern erhöhten nur deren Ausbeute an eroberten Waffen und Gefangenen – wie dem Vogt selber... Es erübrigt sich, weitere »Waffentaten« der Quitzows und ihrer Freunde aufzuführen. Theodor Fontane drückte es sehr direkt aus: »Es gibt nichts Langweiligeres... als immer wieder ›auspochen‹ und Kühe wegtreiben und Schulmeister totschlagen... und absagen und Ritterpflicht und Fehderecht... und wieder Kühe mit Sturm läuten und Kyrie eleison.« Selbst der sonst so exakte Historiker Riedel wurde jener ellenlangen Schadensaufrechnungen der Magdeburger derart überdrüssig, daß er sie in seiner märkischen Urkundensammlung einfach abbrach mit den Worten: »Das Verzeichnis geht in dieser Weise fort.« Manche Dörfer – gerade im Elb-Havel-Winkel – erkauften sich für eine gewisse Frist ihre Verschonung von Beutezügen: Da hatte

Altenklitsche 14 Schock Groschen gegeben, um eine Weile Frieden zu haben – exakt nach Ablauf der bezahlten Zeit im Sommer erschien dann Dietrich von Quitzow, raubte, »was da war«, und brannte das Dorf wie die Ernte auf dem Halm nieder. Ebensoübel erging es dem Nachbardorf Neuenklitsche. Das hatte 1412/13 sogar dreimal hintereinander ein derartiges »Schutzgeld« berappt, und zuletzt stahl man den Bauern doch ihre Pferde …

Es war natürlich den märkischen Rittern klar, daß der Erzbischof solche Verwüstung nicht tatenlos hinnahm. Aber als der im November 1413 – unterstützt vom Zinnaer Abt und den Bürgern Jüterbogs – nun seinerseits als Vergeltung die märkischen Dörfer der Zauche südlich von Brandenburg ausraubte, da saßen die fehdelustigen Herren sicher hinter ihren festen Burgmauern. Die galten schließlich damals als uneinnehmbar…

Vorab hatte der Burggraf solchem Treiben seiner Ritterschaft noch ruhig zuzuschauen – denn zuerst hieß es, gutes Einvernehmen mit möglichst vielen Nachbarn zu schaffen. Dafür mußten erst einmal des Burggrafen Töchterlein Margarethe und Cäcilie herhalten; sie wurden verlobt, die zuerst genannte am 19. November 1413 mit dem ebenso jungendlichen Wartislav von Pommern-Wolgast, die zweite am 19. Juni mit dem gleichfalls unmündigen Albrecht von Mecklenburg-Schwerin. Im Inneren des Landes allerdings tat sich Friedrich von Hohenzollern schwer mit der Einlösung der markgräflichen Burgen – ihm mangelte es halt an barem Geld. Nicht nur die Quitzows mußten mit Schuldscheinen vorliebnehmen! Wie lange hatte die Stadt Berlin mit den Quitzows um die Burg Köpenick gestritten! Und nun mußte auch sie ihren mühsam errungenen Pfandbesitz wiederhergeben – gegen so eine Schuldverschreibung… Das Kapital für die Deckung dieser Wechsel gewann Friedrich dann oft dadurch, daß er die Festen gegen Barzahlung erneut verpfändete – natürlich an eigene Parteigänger aus der Mark; Köpenick fiel z. B. so an Werner von Holzendorf und Strausberg an Albrecht von Holzendorf. Das wiederum schuf bei allen Einheimischen doch erneutes Mißtrauen gegen den Landfremden – allzu frisch war die Erinnerung an den Ausverkauf des Landes durch Jost von Mähren. Und dieser Unmut trug vielleicht auch dazu bei, daß sich die Ritterschaft nicht an ihre Vasallenpflichten hielt!

So ist der größte »innenpolitische« Erfolg des Hohenzollern auch weitgehend dem unverdienten Glück geschuldet. Henning von Bredow, der greise Bischof zu Brandenburg, zählte zu den ersten Helfern und Wegbereitern des Hohenzollern in der Mark. Daß seine Familie mitsamt ihren namhaften Frondeuren sich im September 1413 dem Burggrafen wieder als gehorsame Vasallen anschloß, verdankte dieser nicht zuletzt der »familieninternen« Überredungskunst des Kirchenfürsten. So aber zog sich der Bischof den Haß der Quitzow-Freunde zu – Kaspar Gans zu Putlitz sagte ihm wider alle Landfriedensgebote eine »innermärkische« Fehde an. Und bei einem dieser Raubzüge gegen die Besitzungen des Domkapitels machte Kaspar am 30. November 1413 Rast im Dorfe Dallgow bei Spandau. Auf Dallgow aber saß Heinrich von Hake, ein Anhänger des Hohenzollern – kein Wunder, daß schon bald der bischöfliche Hauptmann Hans (Johann) von Redern genau informiert ins Dorf einrückte, den fehdelustigen Edlen überrumpelte und gefangennahm. Ein unerwartetes Geschenk für den Hohenzollern, daß der politisch bedeutsamste Kopf der Adelsfronde nun ausgeschaltet war! Vermutlich sorgte eine Vertrag zwischen Bischof und Burggraf dafür, daß der Edle Herr Gans drei Jahre auf der Bischofsburg Ziesar gefangen blieb – und auch gegen Lösegeld nicht freikam! Selbst daß an ebenjenem Novembertag Johann von Quitzow auf einem Streifzug nach Ferchland an der Elbe die Magdeburger Mannschaft vernichtend besiegte, konnte jene Schlappe nicht aufwiegen.

Die Gunst der Stunde nutzte Friedrich von Hohenzollern rasch und energisch aus. Die Reihen seiner Feinde waren jetzt gelichtet, der gedemütigte Magdeburger

Erzbischof in strittigen Fragen kompromißbereit. Am 8. Dezember schloß der Burggraf mit dem Erzbischof Günther von Schwarzburg im anhaltinischen Zerbst ein förmliches Kriegsbündnis: Mit gemeinsamer Heeresmacht wollten sie die festen Plätze erobern, auf denen die Macht der Quitzows und ihres letzten Verbündeten, Wichard von Rochow gründete. Nun galt es sich zu eilen – nur im Winter, wenn die Sümpfe ringsum gefroren waren, konnte man die Niederungsburgen erfolgreich bestürmen! Friedrich sorgte zielstrebig für weitere Kampfgenossen: Herzog Rudolf von Sachsen-Wittenberg, die Äbte von Lehnin und Zinna wie auch Johann von Torgow auf Zossen schlossen sich mit ihren Mannschaften dem Bündnis an. Den endgültigen Kriegsplan zur gleichzeitigen Belagerung aller feindlichen Festen besprach man wiederum in Zerbst am 28. Januar 1414: Der Sachsenherzog sollte Wichard von Rochows Burg Golzow einschließen, die Äbte und Johann von Torgow vor Burg Beuthen ziehen. Die Stadt Rathenow und Burg Plaue nahmen sich Friedrich von Hohenzollern und Erzbischof Günther von Schwarzburg gemeinsam vor.

Alles war gut vorbereitet für ein schnelles Losschlagen: Der Burggraf hatte noch im Winter die Rüstungen vorangetrieben und dafür in Berlin beträchtliche Summen zusammengeborgt. Kurios mutet an, daß unter den Zeugen und Bürgen eines solchen Schuldscheines ausgerechnet der jüngste Quitzow-Bruder, der Geistliche Henning auftritt – Dietrich und Johann hatten ihn wohl zu Unterhandlungen an den burggräflichen Hof gesandt. Denn jedermann konnte derweil erkennen, daß sich da eine überlegene Macht gegen den widerspenstigen Adel zusammenschloß. Noch im letzten Moment versuchte Dietrich von Quitzow, jene Bedrohung abzuwenden und Zeit zu gewinnen: Persönlich erschien er in Zerbst und erklärte, er würde sich in allen Anschuldigungen einem Gerichtstag der märkischen Stände unterwerfen. Es war zu spät – Friedrich duldete natürlich keinen Sand mehr im Getriebe der Kampfvorbereitung.

Denn schon eine Woche nach den Zerbster Verhandlungen, exakt am 6. Februar 1414 begannen die vereinbarten Belagerungen. Aber noch ehe der erste Schuß fiel, brach die Front der feindlichen Festen bereits auf: Die Bürger von Rathenow verspürten keinerlei Lust, für die Sache der Quitzows ihre Stadt erstürmen und plündern zu lassen. Also fielen sie von diesen ihren Stadtherren ab und ergaben sich kampflos dem Hohenzollern. Friedrich konnte nun mit der ganzen Streitmacht sogleich 3 Meilen weiter nach Friesack, dem Sitz Dietrich von Quitzows ziehen – schließlich herrschte gerade Frostwetter, und die sonst so unzugänglichen Sümpfe um diese Feste waren somit bequem zu überschreiten. Und so brachte der Burggraf auch seine stärkste Waffe gegen die bislang kaum zu überwindenden Mauern in Stellung: ein schweres Belagerungsgeschütz, das er sich wahrscheinlich beim Schwager des Erzbischofs, dem Landgrafen von Thüringen ausgeliehen hatte. Spätere Überlieferungen geben ihm den Namen »Faule Grete«. Es war nicht der erste Einsatz solcher »Donnerbüchsen« in der Mark: Schon Lippold von Bredow soll 1391 bei der Belagerung der magdeburgischen Havelburg Milow solche Kanonen angewendet haben. Damals gereichte es den Belagerern zu Schaden und Niederlage, denn der Pulvervorrat explodierte. Vor Friesack aber zeigten die Steinkugeln durchschlagende Wirkung. »Sie schossen mit Büchsen große Stein«, heißt es in einer alten Ballade über den Feldzug gegen die Quitzows. Bald war klar, wie der Kampf ausgehen mußte – Dietrich von Quitzow zog die Konsequenz und flüchtete heimlich aus der Burg, die keinen Schutz mehr bot. Die führerlose Burgbesatzung öffnete den Angreifern am 10. Februar die Tore. Friedrich – und mit ihm die »Faule Grete« – konnten nun nach Plaue ziehen und dort die Truppen des Erzbischofes bei der Belagerung gegen Johann von Quitzow unterstützen. Selbst die 3,60 Meter starken Mauern dieser mächtigen Burg widerstanden auf die Dauer nicht dem Kugelhagel. Als an vielen Stellen schon Breschen klafften, wollte sich auch Johann von

Quitzow am 26. Februar wie sein Bruder aus der maroden Feste fortstehlen. Es erging ihm aber nicht besser als sechs Jahre zuvor an gleicher Stelle seinem Feinde, dem Herzog Johann von Mecklenburg-Stargard. Der Brandenburger Chronist Wusterwitz malte alles genüßlich aus: Zusammen mit seinem Bruder Henning, dem erfolglosen Unterhändler, und seinem Knecht Dietrich Schwalbe suchte Johann zu Pferde zu entkommen. Die Brandenburger Bürger unter den Belagerungstruppen jedoch erkannten ihren alten Widersacher und verfolgten ihn. Nun half es ihm auch nichts mehr, sich im Röhricht der Havel zu verstecken. Die Knechte des Magdeburger Erzbischofs spürten die drei Flüchtlinge auf. In der Kirche zu Plaue wurde Johann von Quitzow »in den Stock gesetzt«. Auch hier ergaben sich die zurückgebliebenen Verteidiger der Burg – hatte ihnen der Burggraf doch freien Abzug versprochen.

Damit war der Krieg gewonnen. Wichard von Rochow lieferte – schrieb Wusterwitz – die Burg Golzow aus, als er nur von der verheerenden Wirkung der »großen Büchse« vor Plaue hörte. Im Büßergewand, einen Strick um den Hals – als Zeichen, daß sie eigentlich ihr Leben verwirkt hatten – mußten er und die Seinen den Stammsitz der Familie »mit einem tiefen und demütigen Fußfall« dem Herzog Rudolf von Sachsen-Wittenberg übergeben. Dann erhielten alle freien Abzug. Auch Schloß Beuthen, wo Götz Preddöhl, ein Hauptmann der Quitzows die Verteidigung führte, kapitulierte Anfang März vor den Belagerern – jeder weitere Widerstand schien sinnlos.

Auch wenn keine Urkunden erhalten blieben – Historiker wie Riedel schlußfolgerten glaubhaft, daß auf dem Landtag in Tangermünde Mitte März 1414 jetzt Gericht gehalten wurde über die Führer der Adelsfronde. Nach dem glorreichen Sieg des Burggrafen war das Urteil der Stände abzusehen: Stellten doch die blutigen Fehden der Quitzows und ihrer Freunde gegen den Magdeburger Erzbischof, mit dem ihr Lehnsherr Frieden geschlossen hatte, ja sogar gegen Landsleute wie den Brandenburger

Bischof nicht nur einen Bruch der Vasallentreue, sondern auch des Landfriedens dar. Der gesamte Besitz der Schuldigen verfiel damit dem Burggrafen. Johann von Quitzow wurde dem Magdeburger Erzbischof übergeben, der ihn auf seiner Burg Calbe in Haft hielt, ebenso blieb Kaspar Gans zu Putlitz in Ziesar gefangen.

Nur Dietrich von Quitzow – der verwegenste der aufsässigen Ritter – war nicht zu fassen. Nach seiner Flucht aus Friesack durchstreifte er weiter das Land, schlug und beraubte Diener des Burggrafen – und trumpfte noch einmal mit Tollkühnheit und Stolz auf, als er am 25. Februar das magdeburgische Dorf Vieritz plünderte, keine 20 km von Plaue und dem feindlichen Belagerungsheer entfernt. Aber er hatte keine Burg mehr, um sich sicher zurückzuziehen. Als ihm der Burggraf energisch nachsetzte, floh er zu Werner von Holzendorf auf Bötzow. Der nahm ihn nicht nur in ritterlicher Kumpanei gastfrei auf, sondern schlug seine Verfolger und hielt sie fest – Dietrich konnte noch einmal nach Stettin zu den alten Feinden Brandenburgs, den Pommernherzögen entkommen. Werner von Holzendorf, vordem durch Burggraf Friedrich reich geehrt – hatte der ihm doch sogar Köpenick verpfändet, mußte diesen Bruch seiner Lehnstreue auf einem Gerichtstag am 8. Juni 1414 mit dem Verlust all seines Besitzes büßen …

Wie ein Akt sinnloser Verzweiflung mutet es an, daß Dietrich sich aus der Ferne mit einer Klageschrift über Friedrich von Hohenzollern ausgerechnet an die vormals so arg drangsalierten Städte der Mittelmark wandte: Friedrich hätte ihm in Zerbst einen Gerichtstag versprochen, wäre stillschweigend, d. h. ohne Fehde anzusagen, vor Friesack gezogen. Auch seinem Bruder Johann sei für die Übergabe Plaues die Freiheit zugesichert worden. Aber die Bürger hatten wahrlich keinerlei Grund, für ihn Partei zu ergreifen – verhieß doch das strenge Landfriedensgebot, das der Burggraf am 20. März 1414 auf dem Tangermünder Landtag verkündete, endlich wieder Sicherheit, ungestörten Handel und Wandel und somit Wohlstand. »In diesen Zeiten ist

Friede worden in der Mark und ist nicht mehr gehört worden die Stimme der Betrübnis«, schrieb der Brandenburger Chronist Wusterwitz. Ein anderer Brandenburger Bürger, Nikolaus Upschlacht, begann seine Ballade über den Kampf gegen die Quitzows: Der milde Christ vom Himmelreich/der Mark zum Troste sicherlich/hat geben Markgraf Friedrich … Und in Perleberg büßte 1417 ein Bürger seine biertrunkenen »unnützen Worte« gegen den Hohenzollern im Gefängnis des Rates … Donnerbüchse und energische Landesherrschaft schienen ritterlicher Fehdelust und Gesetzlosigkeit in der Mark – alles, wofür der Name Quitzow stand – ein Ende gesetzt zu haben. Aber das sollte sich leider als Illusion erweisen …

Die »Quitzow-Scheibe« aus der Dorfkirche in Kuhsdorf – entstanden 1260/70 – zählt zu den ältesten erhaltenen Glasmalereien der Mark Brandenburg. Das Fenster, das heute im Brandenburger Dommuseum aufbewahrt wird, zeigt das Stifterpaar Conrad von Quitzow und seine Gattin – wahrscheinlich Margarethe. Die Dargestellten gleichen in Haltung und Tracht Naumburger Stifterfiguren.
Foto: *Arbeitsstelle für Glasmalereiforschung des CVMA, Potsdam (Roloff)*

Der Bergfried der Burg Lenzen stammt aus dem frühen 13. Jahrhundert. Die Burg wurde im späten Mittelalter mehrmals an Mitglieder der Familie von Quitzow verpfändet – so 1421 an Johann von Quitzow, einen der berühmten und auch berüchtigten Quitzow-Brüder.
Foto: *Hendrik Bäßler, Berlin*

Der mittelalterliche Turm ist der letzte Überrest der alten Eldenburg, Stammsitz der Eldenburger Linie der Quitzows. Eine steile Treppe führt hinauf zum sagenumwobenen »Quitzow-Stuhl«
Foto: *Hendrik Bäßler, Berlin*

Der »Quitzow-Stuhl« fesselte die Gefangenen sitzend mit ausgestreckten Armen an die Wand. Als »Judenklemme« ging er in die Volkssage ein. Hier soll der Burgherr die Juden bis zur Lösegeldzahlung eingeschlossen haben, die in den Verfolgungen des frühen 16. Jahrhunderts aus der Mark flohen. Foto: *Hendrik Bäßler, Berlin*

Die Tür zum »Quitzow-Stuhl« auf der Eldenburg trägt das Wappen des Geschlechtes – diagonal geteilt in ein rotes und ein weißes Feld, zeigt sie die fünfzackigen »Sterne der Quitzows«.
Foto: *Hendrik Bäßler, Berlin*

Im Gutspark von Kletzke erheben sich auf einem Hügel die überwachsenen Ruinen. Hier errichtete der Landeshauptmann Georg von Quitzow um 1520 die »Neue Burg« als Sitz der Eldenburger Linie. Anlage und Bauformen entsprachen bereits der anbrechenden Renaissance-Epoche.
Foto: *Hendrik Bäßler, Berlin*

Das Renaissance-Denkmal auf der Dorfstraße von Legde erinnert an den Tod des dreißigjährigen Dietrich von Quitzow auf Rühstädt aus der Eldenburger Linie. 1593 wurde er hier von marodierenden Landsknechten erschlagen.
Foto: *Hendrik Bäßler, Berlin*

Nördlich vom Altar der Dorfkirche in Rühstädt steht das Epitaph des Dietrich von Quitzow. Es ist neben dem Grabstein in derselben Kirche und dem Denkmal in Legde das dritte steinerne Abbild des 1593 Erschlagenen.
»Was dem berühmten Dietrich von Quitzow an Bild und Huldigung über das Grab hinaus versagt blieb wurde dem unberühmten in reichem Maße zuteil« *Theodor Fontane*
Foto: *Hendrik Bäßler, Berlin*

Der Grabstein an der Westwand der Dorfkirche in Kletzke, das einzige erhaltene Grabmal für ein Mitglied der Stavenover Linie. Der vor 1610 verstorbene Christoph von Quitzow war Mitbesitzer von Kletzke. Die qualitätvolle Relieffigur schuf vermutlich ein Magdeburger Bildhauer.
Foto: *Hendrik Bäßler, Berlin*

Aus verschiedenfarbigem Marmor und Alabaster besteht das Epitaph des 1616 verstorbenen Landrats und Amtshauptmanns Philipp von Quitzow in der Dorfkirche zu Kletzke. Das Grabmal, wahrscheinlich in der Magdeburger Werkstatt des Christoph Dehne gefertigt, ist nicht nur das prächtigste und kostbarste, sondern auch das jüngste steinerne Quitzow-Grabmal der Prignitz überhaupt. Es bezeichnet gleichsam Ausmaß und Endpunkt des Familienreichtums der Eldenburger Linie im 16. Jahrhundert.
Foto: *Hendrik Bäßler, Berlin*

VON FOLTERSTUHL UND BRUDERMORD
Das letzte Jahrhundert der Fehden und Raubritter

Fast hundert Jahre waren vergangen, seit Kurfürst Friedrich von Hohenzollern die Quitzow-Burgen erobert und den selbstherrlichen brandenburgischen Adel gedemütigt hatte. Wie hatten damals Bürger wie Bauern allerorts gehofft, daß nun in der Mark eine bessere, friedlichere und damit auch goldene Epoche anbrechen würde! Aber als sich das 15. Jahrhundert dem Ende zuneigte, standen vor allem den Städtern in der Prignitz die allertrübsten Zeiten ins Haus. Wie sollten die Pritzwalker und Perleberger auch noch ihr Auskommen finden, wenn den Handwerkern niemand mehr ihre Waren abnahm und kein Kaufmannszug sich über die hiesigen Landstraßen getraute. Der Fernhandel kam nun erst vollends zum Erliegen – und auch das Land verödete: Seit dem Jahre 1300 war die Zahl der Bauern und Kossäten in der Prignitz um die Hälfte geschrumpft. Mögen Seuchen wie Agrarkrise diesen Verfall befördert haben – was diese Landschaft abwürgte und niederhielt, das waren vor allem Straßenraub und Brandschatzung, Kriegsgeschrei und Gefahr für Leib und Leben allerorten. Eigentlich hätte seit Jahrzehnten hier eitel Friede herrschen müssen – schlossen doch die Landesherren von Brandenburg und Mecklenburg schon 1442 ein »ewiges Bündnis«, das von nun an jeglichen Grenzkämpfen Einhalt gebieten sollte. Aber die Prignitzer Adligen wie ihre Standesgenossen im angrenzenden Mecklenburg hielten sich nun einmal an kein Friedensgebot und keine freundschaftliche Einung mit dem Nachbarlande, sie gingen weiter auf Fehde und Stehgreif – da mochte auch der Reichstag zu Worms 1495 mit dem »Ewigen Landfrieden« jegliche Fehde verbieten! Ob man über die Mecklenburger Grenze zog oder in der Heimat stritt, ob es gegen die Städte, die hansischen Kaufleute oder einfach gegeneinander ging – die Rauf- und Raublust der hiesigen Ritterschaft schien unerschöpflich. Und wo im späten Mittelalter auch immer Urkunden und Aufzeichnungen über ihre Gewalttaten irgendwo zwischen ehrlicher Fehde und Straßenraub berichteten – da fehlte selten der Namen Quitzow…

Noch auf dem märkischen Landtag 1523 klagte Kurfürst Joachim I. speziell über die Prignitzer (und altmärkischen) Ritter – sie stächen, schlügen und fingen sich untereinander und brächen die getroffenen Abkommen und kurfürstlichen Entscheide. Und doch gelang es ebenjenem Kurfürsten durch entschlossenes Vorgehen gegen Landfriedensbrecher, daß sich die Sitten endlich allerorts in der Mark zivilisierten – sogar in der »wilden Prignitz«.

Es ist den Chronisten jener Zeit, wie dem Kyritzer Franziskanermönch Matthias Döring, kaum zu verübeln, daß sie den herrschenden Hohenzollern vor Joachim I. harte Vorwürfe machten – allzu milde und nachsichtig gaben sie sich gegenüber den blaublütigen Schnapphähnen und Raufbolden!

Schon zu Beginn des Jahrhunderts hatte Friedrich I., der »gottgesandte« Fürst und Bezwinger der Quitzows, der überwundenen Adelsfronde recht bald nach seinem gloriosen Sieg wieder großzügige Verzeihung und Versöhnung gewährt – und dies nicht nur aus ritterlicher Hochherzigkeit! So gestand er es zu, daß der mächtigste Mann jenes Adelsbündnisses, Kaspar Gans zu Putlitz, schon am 5. Juni 1416 aus der Haft in Ziesar freikam – sehr zum Unwillen von dessen altem Feind, des Erzbischofs von Magdeburg Günther von Schwarzburg. Der Edle Herr Gans mußte natürlich zuvor dem Landesherren Treue und Gehorsam schwören, und 14 Edelleute aus der Mark und Mecklenburg bürgten für ihn. Auch noch andere Adelige erhielten in jener Zeit Freiheit oder Besitz zurück, die sie wegen ihrer Unbotmäßigkeit in den ersten Jahren der Hohenzollernherrschaft verloren hatten – wie Wichard von Rochow, die Gebrüder von Maltitz und Werner von Holzendorf.

Denn Friedrich I. mußte sich gut stellen mit dem heimischen Adel, wollte er die Grenzen der Mark gegen die andrängenden Feinde sichern und letztlich die verlorenen Landesteile zurückgewinnen. Ein stehendes kurfürstlich-brandenburgisches Heer enstand erst mehr als zweihundert Jahre später, also war der Nürnberger Burggraf angewiesen auf Heerfolge und Schlagkraft der Scharen seiner Vasallen. Und die Ritterschaft gab sich sehr solidarisch, wenn den Standesgenossen ihre Rechte und Freiheiten eingeschränkt wurden…

Hart genug wogte der Kampf damals gerade in den nördlichen Landstrichen der Mark. Und an dieser Gewalt hatte Dietrich von Quitzow seinen gehörigen Part. Die Herzöge von Pommern-Stettin, die den verwegensten Kämpen der Adelsfronde in ihren Dienst genommen hatten, hielten die Uckermark bis hin nach Zehdenick in ihrer Gewalt. Und von dort aus drang Dietrich auch rachedurstig ins Havelland vor und setzte am 21. August 1414 die Stadt Nauen in Brand – die gefüllten Scheunen nach der Ernte boten den Flammen gute Nahrung! Hatte doch Friedrich I. der Mark nach seinem Siege »den Rücken gewandt«, weil er an der Kaiserkrönung Sigmunds in Aachen teilnehmen mußte. Grausige Gerüchte gingen nun im Brandenburgischen um: Dietrich plane – gemeinsam mit Agnes, der Ehefrau seines Bruders –, »die Mark hin und her anzünden und ausbrennen« zu lassen. In Brandenburg hatte man schließlich vier solcher Brandstifter auf frischer Tat gefaßt, die auf peinliche Befragungen gestanden, Agnes von Quitzow hätte sie zu alledem angestiftet und bezahlt. Johanns Ehefrau flüchtete jedenfalls sofort ins Ausland nach Magdeburg…Doch seine Zuflucht blieb Dietrich nicht allzu lange erhalten. Wieder einmal half

Sigmund seinem Freunde Friedrich I. – auf dessen Klage beim Hofgericht hin verhängte der Kaiser am 10. Mai 1415 die Reichsacht über die Herzöge von Pommern, ihre Mannen und Städte. Damit waren sie alle vogelfrei, juristisch enteignet, außerhalb jeden Rechtsschutzes im ganzen Reich – ja jede Gemeinschaft mit ihnen galt bereits als Verbrechen. Ein solches juristisches Damoklesschwert über ihren Häuptern behagte den Stettiner Herren keinesfalls – also schlossen sie am 18. Juni 1415 einen vorläufigen Friedensvertrag mit dem Hohenzollern. Und der forderte die Landesverweisung Dietrich von Quitzows aus Pommern.

Dietrich fand Dienst und Unterschlupf in Mecklenburg-Stargard – ausgerechnet bei seinen alten Feinden, den Herzögen Ulrich und Johann. Denn die hatten Bedarf an solch einem kampferprobten Mitstreiter, schlugen sie sich doch gerade mit ihren Nachbarn, den Fürsten von Werle herum. Der Chronist Wusterwitz vermutet sogar, Dietrich von Quitzow hätte diese Spannungen eifrig geschürt, waren doch diese Fürsten mit Brandenburg verbündet. Dietrich nahm aber nicht nur an den herzöglichen Kriegszügen teil – von Lübz aus, wo die befreundete Familie von Plessen saß, fiel er immer wieder in die märkische Prignitz ein. Dabei kannte er keinerlei moralische Schranken: Wie er nicht zurückstand, dem Pritzwalker Bürger Claus Schimmelpenning auf frommer Wallfahrt zum Wilsnacker Wunderblut Pferd und Geld zu nehmen, so stattete er auch seinen eigenen Vettern in der Prignitz einen unliebsamen Besuch ab. Dem Claus von Quitzow raubte er in Kletzke und den Dörfern ringsum »Harnische und andere Geräte« (harnesch und ander gherede), brannte eine Scheune nieder und nahm sogar einen anderen Vetter Henning als Gefangenen mit sich. Aber auch in Mecklenburg wies man Dietrich von Quitzow wieder fort – Friedrich I. hatte ein energisches Machtwort mit den Herzögen gesprochen. Noch einmal wandte sich Dietrich einem früheren Erzfeind zu – dem Erzbischof von Magdeburg. Denn der rüstete zur Zeit gegen die Mark!

Kaum hatte nämlich Kaspar Gans zu Putlitz die Freiheit wiedererlangt – schon zog er erneut in den Kampf. Dem Erzbischof zu Magdeburg sagte er ab – daß der allzu heftig gegen die Freilassung des Edlen Herren Kaspar Gans geredet hatte, reichte wohl als Fehdegrund allemal hin. Zusammen mit einer großen Schar Prignitzer Ritter und dem Balthasar von Werle brach Kaspar Gans zu Putlitz Anfang August 1416 in das Land Jerichow ein. Sie brandschatzten, plünderten, nahmen die Burg Sandau. »Markgraf Friedrich hat sich in keiner Weise«, ließ der Erzbischof zorngeladen in der Schadensrechnung niederschreiben, »bewiesen als Schutz und Schirm, wie er es von Einungen und Gelöbnis wegen tun sollte.« Mochten auch andere Streitpunkte das Verhältnis zum ehemaligen Verbündeten trüben – der Fehdezug des Kaspar Gans und die ausbleibende Hilfe des Markgrafen war dem gekränkten Kirchenfürsten ein letzter Anlaß, seinerseits gegen Brandenburg loszuschlagen und die verlorene Burg Sandau zurückzuerobern. Und die geeigneten Heerführer standen auch bereit: Johann von Quitzow brauchte er nur aus seinem Gefängnis zu entlassen, Dietrich suchte eh wie ein Condottiere neuen Dienst – am besten natürlich gegen das Land des Hohenzollern! Um die Burg Sandau allerdings scherten sich die Quitzow-Brüder wenig – dafür unternahmen sie nach sattsam bekanntem Muster Vorstöße und Raubzüge ins Brandenburgische: In der Altmark und vor allem dem Havelland raubte man Pferde, brannte Häuser nieder, ab und an wurde auch ein Mann erschlagen. Daß Dietrich am Silvesterabend 1416 einem Kaplan des Markgrafen vor Tangermünde nicht nur das Roß fortnahm, sondern ihn auch nackend auszog, erscheint besonders tückisch – kam der Geistliche doch gerade von Verhandlungen mit dem Magdeburger Erzbischof heim!

Als aber auch der Erzbischof auf Drängen Kaiser Sigmunds vom Bündnis mit den Quitzows zurücktrat, schienen ihre Sterne endgültig zu verlöschen. 1417 schon starb Dietrich von Quitzow in Harbke bei Helmstedt, wo seine Schwester Mathilde als Gattin des

Schloßherren Heinrich von Veltheim lebte und ihrem Bruder ein letztes Asyl gewährte, – ein mittelloser Flüchtling fern der Heimat. Begraben wurde er im nahen Augustinerinnen-Kloster Marienborn, wo seine Nichte die Priorin war. »Hier endet sich gutes und böses mit den Quitzowen«, schrieb der Chronist Wusterwitz. Wie ihm mag auch dem heutigen Leser ein solcher Tod des alten Haudegens als symbolischer Schlußstrich unter die Geschichte dieses selbstherrlich-gewalttätigen Geschlechtes gefallen. Aber es gab da keinesfalls einen Schlußstrich – Johann von Quitzow nämlich machte seinen Frieden mit dem Kurfürsten Friedrich I.: Nicht nur das Erbe an den Prignitzer Familiengütern übergab der Landesherr wieder ihm und den Söhnen seines Bruders Dietrich – um der Dienste willen, die Johann dem Kurfürsten und dem Lande in Zukunft leisten solle, verpfändete dieser ihm am 7. Juli 1421 als Abfindung für die verlorenen Burgen und Städte in der Mittelmark das feste Elbschloß Lenzen. Friedrich I. machte damit de facto die Enteignung der Landfriedensbrecher von 1414 rückgängig! Johann hieß in jener Urkunde wieder der »liebe, getreue« – 1424 war er auch bereits zum Landeshauptmann der Prignitz aufgestiegen. Nicht etwa, daß seine Fehdelust geschwunden wäre – 1422 schon zog er an der Spitze von 180 Reitern mit etlichen Prignitzer Adelsherren gegen die mächtigen Hansestädte Hamburg und Lübeck, und zwar auf die übliche Weise: Man lauerte an der Landstraße zwischen Lauenburg und Mölln auf Wagenzüge und wohlhabende Reisende. »Es schienen Johann die alten Zeiten wiedergekehrt, und dies Gefühl goß Jugendlust in seine Ader«, beschrieb es Klöden recht glaubhaft. Aber statt der reichen Beute kam die beizeiten alarmierte, überlegene Heeresmacht der Städte – die raublustigen Ritter mußten in das Schloß Lauenburg des Herzogs Erich von Sachsen-Lauenburg flüchten. Der lieferte sie zwar auch umgehend der hansischen Streitmacht aus – aber nur unter dem Versprechen, daß ihnen Leib und Leben verschont bleibe. Machten doch die Kaufleute mit solchen Buschkleppern gern kurzen Prozeß ... So aber konnten alle gegen entsprechendes Lösegeld wieder heimgelangen – was Johann allerdings nicht von weiteren Raubzügen ins Ausland abhielt.

1433 herrschte Friede mit Mecklenburg, aber Johann von Quitzow fiel mit einer Schar Prignitzer Ritter und den Bürgern von Lenzen über die mecklenburgische Stadt Grabow her. Sie »hebben dar genomen de gantze her tzschap, koge und ossen und perdt ... und vele unser Borgher hebben ze gemordet ander dod deschlagen«, klagen Bürgermeister und Rat von Grabow der Prignitzstadt Perleberg. 1437 stirbt der alte einäugige Ritter – und der Kurfürst überschreibt ein Jahr später seiner Witwe Agnes einen Teil der Kyritzer Abgaben als Leibrente...

Die beinahe schon verwunderliche Kulanz des Landesherrn gegen seinen ehemaligen Widersacher ist nur erklärlich durch die Kriege Friedrichs I. in den zwanziger Jahren des 15. Jahrhunderts. Verlief der Feldzug 1421 gegen die böhmischen Hussiten auch kläglich erfolglos, so gewann der Hohenzoller den Pommern in den Kämpfen an der Nordgrenze beinahe die ganze Uckermark wieder ab. Er brauchte also dringlich die Unterstützung aller Ritterschaft – Klöden malte effektvoll aus, wie der alte Johann von Quitzow nur mühevoll vor dem Kurfürsten niederzuknien vermochte, um 1425 auf dem Schlachtfelde vor Vierraden für seine Waffentaten gegen das Stettiner Heer den Ritterschlag zu empfangen. Wirklich nennen die späten Urkunden wie die Genealogien Johann »ridder« bzw. Ritter – sein ungleich verwegenerer Bruder Dietrich, der solche Ehrung eines Herren nie erfahren hatte, blieb offiziell bis zu seinem Tode nur ein Knappe...

Keinesfalls aber trat nun, nachdem auch der zweite des berühmt-berüchtigten Brüderpaares die Bühne der Geschichte verlassen hatte, Ruhe und Ordnung in Mark und Prignitz ein. Man muß sich bei aller Auflistung ihrer blutigen Gewalttaten – mögen sie uns Heutigen auch noch so verabscheuungswürdig erscheinen – immer vor

Augen halten, daß diese Art von Raubzügen und Fehdekriegen damals für den Ritterstand als standesgemäß und ehrenhaft galt, ja eine wirtschaftliche Existenzgrundlage darstellte.

Die Quitzow-Brüder hatten dies alles nur durchaus intensiver, in größerem Maßstabe und gleichsam auf höherer Ebene betrieben. Und sie blieben auch nicht die einzigen und letzten Quitzows in jenem »Geschäft« – auch wenn sich der Tatendrang ihrer Blutsverwandten nun auf das lokale Umfeld im Nordwesten der Mark beschränkte. Am Fehdezug des Kaspar Gans zu Putlitz 1416 gegen Sandau und das Land Jerichow nahmen gleich vier Mitglieder jenes Geschlechtes teil: »Schwarze« von Neustadt, Claus »Snaweke« von Stavenov sowie ein weiterer Claus von Quitzow und sein Sohn.

Jener Claus »Snaweke« (solche »Beinamen« sollen ihre Träger von anderen Familienmitgliedern gleichen Vornamens unterscheiden) ist wohl die interessanteste Gestalt des Geschlechtes in jener Epoche neben dem berühmten Brüderpaar. In langjährigen Kriegsdiensten – so war er 1404 lübischer Kriegshauptmann – erwarb er nicht nur Kampferfahrung, sondern auch genug Kapital, um 1405 Burg und Dorf Stavenov gemeinsam mit seinem Schwiegervater Hans (Johann) von Kruge und zwei Gebrüdern von Lützow für die beträchtliche Summe von 6 000 Mark lübischen Silbers pfandweise zu kaufen. Später gehörte ihm diese Mecklenburger Enklave in der brandenburgischen Prignitz praktisch allein. Als Vogt der Grafen von Lindow-Ruppin verwaltete er das Land Wusterhausen, wo er 1417 das Dorf Gottberge zu Lehen erhielt. Auch die Burg Gorlosen nahe beim mecklenburgischen Grabow hatten Claus »Snaweke« und Hans von Kruge inne. Damit war Claus von Quitzow gleichsam zweier Herren Untertan. Während seine brandenburgischen Besitzungen in der Prignitz durch seinen Vetter Dietrich 1415 von Mecklenburg aus verheert wurden, nahm ihm Friedrich I. von Hohenzollern im Zuge gegen die Mecklenburger 1420 die Burg Gorlosen ab – für die er allerdings Entschädigung erhielt.

Aber auch die wohlbegüterten Stavenover Quitzows übten sich eifrig in Fehde und Grenzkrieg – dafür lag die Enklave Stavenov schließlich recht günstig. Ob es nun der hochgeachtete Claus »Snaweke« selber war (wie Riedel und Sack annehmen) oder ein gleichnamiger Sohn (wie Warnstedt angibt) – ein Claus von Quitzow hatte im Märkischen ringsum so eifrig Beute gemacht, daß die Mecklenburger Herzogin Katharina 1424 befürchten mußte, die Brandenburger würden aus Rache ihr Lehen Stavenov schädigen, d. h. das »Raubschloß« zerstören. 1432 klagt der Rat von Lübeck seinen Amtsbrüdern in Perleberg, daß »die von Stavenov« einen Handelsmann, Johannes Otten, ausgeplündert hätten. 1440 wurden die Söhne (oder Enkel) Claus »Snawekes«, Hans (Johann) und Curd vom brandenburgischen Kurfürsten allerdings mit den Gütern zu Premslin, Glövzin und Semlin belehnt. Doch jener umfangreiche Besitz blieb diesem Zweige der Quitzows nicht erhalten – denn ebenjener Hans mußte 1472 etwa die Hälfte seiner Besitzungen an seinen Vetter Dietrich auf Kletzke verkaufen. 1470 wurde ihm eine seiner zahlreichen Fehden zum Verhängnis – die Edlen Gans zu Putlitz nahmen ihn gefangen und lieferten ihn dem Kurfürsten aus. 1471 ließ ihn Albrecht »Achilles« von Hohenzollern Urfehde schwören – aber erst ein volles Jahr später entließ man Hans von Quitzow aus dem Gefängnis. Warnstedt vermutet, jene kurz danach getätigten Verkäufe wären zwangsweise vom Kurfürsten angeordnet, um den Friedensbrecher abzustrafen und damit das adelige Räuber- und Fehdewesen gerade in der Prignitz zu dämpfen. Hans und die Seinen kann dies jedenfalls nicht allzusehr beeindruckt haben – schon 1479 wird sein Sohn Claus als Mittäter eines Raubüberfalls auf sächsisches Hofgesinde angeklagt.

Aber auch die anderen Linien standen damals in Raubgier und Fehdelust nicht zurück. Dietrich von Quitzow auf Kletzke, der gleichnamige Sohn des berüchtigten Haudegens, ließ sich sogar noch im hohen Alter von 79 Jahren 1475 auf eine Fehde mit dem Magdeburger Erzbischof ein. Damals zog der Kirchenfürst nämlich Schloß und Stadt Sandau ersatzlos wieder ein, obwohl er sie dem Quitzow, der um diese Zeit auch Landeshauptmann der Prignitz war, erst 1464 pfandweise verkauft hatte. Aber dessen dortiger Burghauptmann Vicke (Victor) von Plessen war seiner ritterlichen Raublust allzu hemmungslos nachgegangen. »Guldene Stükke, Sammt, Gewürze, Seide, Tücher und vieles andere Gut« gelangten damals nach Sandau. Nach einigem Blutvergießen erklärte sich der Erzbischof dann doch bereit, die Pfandsumme zurückzuzahlen. Aufgrund ebensolcher Streit- und Beutelust büßten die beiden Kampfhähne Dietrich von Quitzow und Vicke von Plessen auch 1484 ihren brandenburgischen Pfandbesitz an Schloß, Stadt und Burg Lenzen wieder ein. Fest im Besitz behielt der greise Ritter jenes wehrhafte Schloß nördlich von Lenzen, mit dem er 1465 beliehen wurde – damals hieß es noch Geldenitz, ab 1488 wird es plötzlich Eldenburg genannt. Denn die befreundete Familie von Plessen, der Dietrichs erste Frau Lucia enstammte, hatte jahrhundertelang auf der Eldenburg in Lübz gesessen – bis der Mecklenburger Landesherr das Pfandobjekt wieder einlöste. Also sollte wenigstens jene Burg im Märkischen, mit der sie so eng verbunden waren, den alten Namen tragen – so vermutete jedenfalls der Lokalhistoriker Albrecht.

Die Eldenburg spielte in der weiteren Geschichte des Geschlechtes eine wichtige Rolle – denn im Laufe des 15. Jahrhunderts erloschen nacheinander fast alle Prignitzer Nebenlinien der Quitzows. Nun hatte Kurfürst Friedrich II. den Quitzows 1441 urkundlich ihren Besitz »zur gesamten Hand« verliehen, d. h. nach Aussterben einer Linie fielen ihre Güter nicht als erledigtes Lehen an den Landesherren, sondern an andere Zweige der Familie... Und davon waren 1495 in der Prignitz nur noch zwei übriggeblieben – die Familie auf Grube und Kuhsdorf einerseits, die Gebrüder Dietrich und Cuno (Conrad) auf Kletzke und Eldenburg, Söhne des alten Haudegens Dietrich und Enkel des noch berüchtigteren

Frondeurs Dietrich andererseits. (Mit Fontane möchte man seufzen: Alle Quitzows heißen Dietrich!). Und diese Brüder hatten bei all jenen Erbfällen lehnsrechtlich immer die Nase vorn. Am Pfingstmontag 1496 setzten die Prignitzer Quitzows einen »Familienvertrag« auf, wie es Warnstedt nennt: Dietrich und Cuno stünden den erloschenen Linien näher als die Vettern auf Grube-Kuhsdorf, so erkannten es die Hintangesetzten schriftlich für sich und ihre Erben an. Juristisch unanfechtbar abgesichert war damit der riesige Herrschaftskomplex, der sich in den Händen der Brüder vereinigte: Kletzke gehörte ihnen von alters her, die Eldenburg hatte ihr Vater 1465 erworben. Die Rühstädter Linie war nach Warnstedt schon vor 1450 erloschen. 1486 verschied – wenn man den alten Geschlechtertafeln im Geheimen Staatsarchiv glauben schenken darf – Lorenz als »Ultimus«, Letzter der Linie Quitzöbel. Und 1495 war nach dem Tode der Stavenover Brüder Claus und Hans auch diese Herrschaft an Dietrich und Cuno gefallen. Um ihren Erbbesitz mußten die Brüder sich natürlich immer wieder »vortragen« – erstmals wurde 1486 »gedeilt«, als nicht nur Lorenz auf Quitzöbel, sondern allen Stammbäumen nach auch ihr Vater Dietrich starb. 1495 mußten wegen des Erbes von Stavenov erneut Besitzanteile ausgelost werden: Cuno erhielt die Burg Stavenov mit ihren »Pertinenzien« – Dörfern, Mühlen, Seen und anderem Besitz ringsum. Dietrich bekam die Eldenburg nebst entsprechendem Zubehör. Nach diesen ihren Stammschlössern unterscheidet man die Nachkommen der beiden Brüder in die Eldenburger und die Stavenover Linie. Wie der restliche Besitz aufgeteilt war, erfahren wir im Erbvertrag, den Cunos Söhne 1515 abschlossen – fünf Jahre nach des Vaters Tod. Kletzke zerfiel in zwei Hälften mit zugehörigen Rittersitzen. Auch Quitzöbel und Rühstädt spaltete man ebenso auf – allerdings in noch eigenwilligerer Weise: Haus und Gut Rühstädt der Eldenburger war mit dem Besitz von halb Quitzöbel verbunden – und vice versa Haus und Gut Quitzöbel der Stavenover mit der Pertinenz von halb

Rühstädt! Bei Erbfällen teilte sich in der entsprechenden Familie der Besitz dann in noch kleinere Stücke auf...

An der Eldenburger Linie nun haftet die schaurigste Sage über das Geschlecht der Quitzows, und die kann man noch heute anschaulich nachempfinden. Das prächtige Renaissance-Schloß Eldenburg brannte zwar 1881 ab, wurde wiederaufgebaut – und 1949 restlos abgerissen. Von der alten Burg jedoch blieb ein kleiner Turm erhalten – und der birgt noch heute den berüchtigten »Quitzow-Stuhl«: In die Wand des Turmgemaches sind eiserne Fesseln, Halseisen, Hand- und Armschellen eingelassen. Damit konnte ein Gefangener mit ausgestreckten Armen auf einen eisernen hufeisenförmigen Sitz festgeschmiedet werden. Eine Rinne unter den derart Gefesselten leitete ihre Exkremente durch ein Mauerloch ab – ein wenig Hygiene mußte schon sein ... Handtmann berichtete in seinen »Neuen Sagen der Mark Brandenburg« 1883, daß ein Cuno Hartwig von Quitzow solche Foltergeräte bei seinem Kriegsdienst in Spanien kennenlernte. Sein Enkel (dessen Vornamen Handtmann konsequent verschweigt, der aber bei Fontane Cuno Hartwig heißt) baute den grausamen Stuhl nach des Großvaters Bericht hier ein – als »Judenklemme«.

Im Jahre 1510 schlug der Haß auf die Juden wieder einmal blutig hoch in der Mark – geweihte Hostien, Diebesgut aus der Dorfkirche im havelländischen Knoblauch, sollten sie geschändet haben. Das war die antisemitische Standard-Beschuldigung im Mittelalter, stets geeignet, die lästigen Gläubiger loszuwerden – nur Juden waren ja im Mittelalter Wuchergeschäfte offiziell erlaubt, denn Christen durften eigentlich keinen Zins nehmen. Auch 1510 verbrannte man 39 Beschuldigte öffentlich auf dem Neuen Markt in Berlin. Andere Juden verwies Kurfürst Joachim I. des Landes. Es sollte nicht die einzige Verfolgung jener Jahre bleiben – und also auch nicht der letzte Flüchtlingsstrom. Wer sich nun nach Hamburg oder Lüneburg wandte, der mußte den Damm an der Eldenburg passieren. Dort preßte der

Quitzow – erzählt die Mär – den Flüchtlingen hohen Wegzoll ab; wer nicht zahlte, wurde in den Quitzowstuhl geschlossen, bis ihn Schmerzen, Hunger und Durst gefügig machten. Handtmann malte es noch detaillierter aus: Einen Goldgulden hatte jeder Jude zu entrichten, und als dem Eldenburger Quitzow gar der Rabbi von Stendal in die Hände fiel, verlangte er ihm 100 Goldgulden als Lösegeld ab. Der greise Rabbi aber überstand jene Folterhaft der »Judenklemme« nicht; sterbend soll er noch seinem Peiniger wie einen Fluch die Worte der Heiligen Schrift entgegengehalten haben: »Ich, der Herr, Dein Gott, bin ein eifriger Gott, der da heimsucht der Väter Missetat an den Kindern…« Der »Judenklemmer«, tief getroffen von den Worten, nahm hinfort keinen solchen Wegzoll mehr. Seinen Besitz hinterließ er seinen Zwillingssöhnen Hans und Curt Dietrich zu gleichen Teilen. Nur den Quitzow-Ring, einen silbernen Fingerreif als Zeichen der obersten Befehlsmacht über die Eldenburg, vermachte er dem ernsthaften Hans – der hatte auch bald Grund genug, dem jüngeren, leichtlebigen Curt Dietrich seine Verschwendungssucht vorzuhalten. Zornig über jene Mahnungen und Verbote, beschloß Curt Dietrich, den Bruder endgültig loszuwerden: Er überredete den Ahnungslosen nicht nur zu einer Besichtigung der verfallenen »Judenklemme«, Hans ließ sich sogar – gleichsam zum Scherz – in den Quitzow-Stuhl schließen. Kaum war er festgespannt, kehrte sich Curt Dietrich um und verschloß die schwere Turmpforte, die keine Schreie hindurchließ. Tage später holte er die Leiche des derweil umgekommenen Bruders aus dem Turm und begrub sie heimlich, nicht ohne ihm vorher den Ring vom Finger zu ziehen. Da er nach dem Verschwundenen eifrig suchen ließ, schöpfte niemand Verdacht: Nach angemessener Frist erhielt er allein die Eldenburg und auch jenen Ring als Erbe des Verschollenen zu eigen. Daß er in seinem Leben seitdem keine rechte Ruhe mehr fand und nachts zum alten Turme schlafwandelte, versteht sich für eine solche Familiensage beinahe von selber. Das sechzigste Jahr hatte er dennoch erreicht, als er eines Tages auf der Jagd mit seinem Sohne Philipp von einer riesigen Wildsau angefallen wurde. Um das Leben seines Sohnes zu retten, versuchte er ihr ein Messer in den geöffneten Rachen zu stoßen – er fehlte, das Tier biß ihm seine rechte Hand mit jenem Quitzow-Ring ab und verschwand damit. Der Ring war für immer verloren – und der Fluch des Rabbiners hatte seine Erfüllung gefunden! Der Sterbende gestand dem Sohn sein Verbrechen und das seines Vaters ein. Er bat nur noch reuig, von jenem Judengelde an seiner Sterbestelle eine Pfarre für die Eldenburger Gemeinde zu errichten – die heutige Pfarre von Seedorf. Hier halten die Toten der Quitzows, so geht die Mär, alljährlich zur Johannisnacht ihren Familientag. Zur Geisterstunde versammeln sie sich in der hell erleuchteten Kirche – nur der Brudermörder mit der Stumpfhand muß seitab unter dem Turm, fern ihrer Gemeinschaft stehen…

Soweit die Sage, wie sie Handtmann mit kundiger Dramaturgie erzählt. Was aber – außer der Existenz des Quitzow-Stuhles – beruht bei dieser Erzählung nun auf historischer Wahrheit?

Um es gleich zu sagen – die so exakt angegebenen Namen passen nicht in den Stammbaum der Eldenburger Linie, schon weil es Doppelnamen wie Cuno Hartwig oder Curt Dietrich bei den Quitzows erst seit dem Ende des 16. Jahrhunderts gibt. Der »Judenklemmer« auf der Eldenburg, wenn es ihn denn wirklich gegeben hat, müßte chronologisch Georg von Quitzow sein, Landeshauptmann der Prignitz, Amtshauptmann zu Lenzen und kurbrandenburgischer Geheimer Rat, der 1527 starb. Zwar hatte der auch wirklich zwei Söhne, Henning und Dietrich, von denen der ältere – Henning – in recht jungen Jahren ums Leben kam. Er fiel jedoch 1542 als kaiserlicher Kavallerieoberst im Kampf gegen die Türken in Ungarn, wie man in der Genealogie der Quitzows bei Warnstedt nachlesen kann! Dafür hat es einen Brudermord von Quitzow-Nachfahren im 16. Jahrhundert wirklich gegeben: Die Schwester von

Dietrich und Henning, Elisabeth, heiratete 1534 Levin von der Schulenburg, Landeshauptmann der nahen Altmark, und auf einer Hochzeitsfeier am 12. November 1583 erschlug der jüngste ihrer Söhne den älteren. Der Lokalhistoriker Albrecht vermutete nun, daß in der Phantasie des Volkes jener Brudermord der »jungen Herren«, die vielleicht auch auf der Eldenburg zu Gast waren, mit der Familie Quitzow zusammenfloß. Denn ein Philipp von Quitzow, Sohn des Dietrich und Neffe des Henning, hat tatsächlich Pfarre und Kirche zu Seedorf errichtet! Und als 1902 die Gruft unter der Kirche in Kletzke geöffnet wurde, entdeckte man im Grabe von Philipps 1605 verstorbenem Bruder Achatz auch wirklich einen mächtigen massiven Goldring mit einer geheimnisvollen Buchstabenfolge. War dieser Ring, den der Tote an einer Schnur um den Hals trug, ein – formal ungewöhnlicher – Ehering oder gar der sagenhafte Quitzow-Ring? Und um die letzte der realen Ingredienzien nachzuweisen, aus der jene Sage »zusammenkomponiert« wurde – auch »der Quitzow mit der einen Hand« ist urkundlich belegt: Er war Zeuge bei dem Verhör des blaublütigen Straßenräubers Hans von Wartenberg, der 1542 in Perleberg mit ausdrücklichem kurfürstlichem Einverständnis hingerichtet wurde. Gerade diese Exekution markiert deutlich das Ende der Raubritterzeit auch in der »wilden Prignitz«.

Kurfürst Joachim I., der seit 1499 die Mark regierte, nahm es ernst mit dem »Ewigen Landfrieden« von 1495. Schon zu Beginn seiner Herrschaft ging er so energisch gegen blaublütige Wegelagerer und Friedensbrecher vor, daß er 1504 als Adelsfeind galt. Ob es nun wirklich 40 Raubritter waren, die er innerhalb zweier Jahre hinrichten ließ – wie der zeitgenössische Chronist Trithenius vermeldete – in jedem Falle dämpften solche Maßnahmen die Lust am ungehemmten Straßenraub. Mit dem Ausbau des Kammergerichtes schuf der Kurfürst auch eine juristische Instanz mit genug Autorität, Streitigkeiten auf Grundlage des »gemeinen« Rechtes ohne jede Fehde zu entscheiden. Die Herausbildung straffer, einheitlicher Strukturen eines Territorialstaates beendete endlich sogar in Brandenburg die mittelalterliche Zeit ständischer Freiheiten – für Privatkriege war unter solch durchorganisierter Landesherrschaft auf die Dauer kein Platz mehr. Andererseits boten jene Staatsgefüge mit Fürstendienst bei Hofe, Beamtenstellen und militärischen Kommandoposten dem Adel auch einträgliche Karrieremöglichkeiten. Und da die Gutswirtschaft ebenfalls wieder satten Gewinn versprach, lohnten Fehdezüge und Buschklepperei einfach nicht mehr das gewachsene Risiko.

Das hatten auch die Quitzows begriffen! Zwischen 1478 und 1482 notiert der Lübecker Ratsschreiber Wunstorp zwar etliche Beutezüge eines Wedego von Quitzow auf – und 1497 nennen Mecklenburger Fürsten in ihren Klagen über die Raubzüge märkischer Ritter auch noch einmal den Namen des Dietrich von Quitzow auf Kletzke. Aber mit Beginn des neuen Jahrhunderts verstummen auch die Berichte über Quitzowsche Beutelust. So spiegelt jene Sage von Judenklemme und Brudermord, mag sie auch in den Details der Volksphantasie (oder gar den literarischen Ambitionen Handtmanns) geschuldet sein, im Kern den Umschlag in der Lebensweise nicht nur dieser Familie wieder: Dereinst hatten die Quitzows – wie die meisten Prignitzer Grundherren – ihren Verdienst mit Gewalt »auf der Straße« genommen, nun baute man seine Herrschaft – wie ebenjene Seedorfer Pfarre – friedlich aus. Die Neuzeit hatte begonnen – und die Sterne der Quitzows verloren ihren blutigen Schein.

ZWISCHEN ANNAS KAMPF UND DIETRICHS ERMORDUNG
Die satten Jahre der Gutsherrschaft

Man sieht den steinernen Rittern Reputation und Reichtum an – wer die Kirchen in Kletzke und Rühstädt betritt, steht den Quitzows des 16. Jahrhunderts gegenüber. In voller Rüstung, die eine Hand allermeist am Schwertknauf, eingerahmt von den Wappen der Ahnen oder von wucherndem Ornament – wie es sich für wohlhabende Standesherren im Zeitalter der Renaissance gehört, ließ die Eldenburger Familie ihre Häupter auf Grabsteinen und Epitaphien verewigen. Jedes gemeißelte Gesicht trägt unverkennbar markante Züge ausgeprägter Charaktere. Das allermeiste, was an sichtbaren Zeichen und Zeugnissen vom Leben und Wirken der Quitzows die Zeiten überdauert hat, stammt aus jener Epoche. Jegliche materiellen Spuren, die an die eigentliche Quitzow-Zeit, an das mächtige und gefürchtete Brüderpaar Johann und Dietrich erinnern, haben die Jahrhunderte ausgelöscht – von keiner der so heiß umstrittenen Burgen steht noch eine Mauer aufrecht, kein Grabstein deutet auf die letzte Ruhestätte eines der fehdelustigen Ritter. Fast alles, was uns heute noch aus der Geschichte des Geschlechtes sinnfällig vor Augen steht, was der geschichtskundige Tourist beäugen und fotografieren kann, stammt aus der Zeit des gleichsam satten, nahezu ruhigen Wohlstandes der Familie im 16. Jahrhundert, als sie zu den reichsten Magnaten der Prignitz gehörte.

Es waren die fetten Jahre für den Adel auch in der Prignitz. Seit die Fürsten und Landesherren ihre Kriege mit Söldnerheeren führten, wie es die neue Kampftechnik der Feuerwaffen erforderte, trat die Vasallenpflicht zur Heerfolge für den Herrenstand immer mehr zurück. Wenn man dennoch – meist irgendwo im Ausland – Kriegsdienst nahm, so zahlte sich dies in reichlichem Gewinn aus. Aber auch die Wirtschaft auf dem heimischen Gut versprach jetzt wieder guten Verdienst. Für Wolle gab es in den Hansestädten, England und den Niederlanden einen enormen Absatzmarkt – denn zu dieser Zeit blühte die Tuchindustrie auf... Also erwiesen sich nun Gutsschäfereien als äußerst lukrativ. Allein in der Herrschaft Stavenov zählten die Herden um 1600 durchschnittlich 1000 Tiere! Und auch an Korn hatte Westeuropa im 16. Jahrhundert großen Bedarf – die Getreidepreise stiegen wieder. Und wenn die Städte auch ein ums andere Mal lauthals protestierten und ihr Kaufmannsmonopol einforderten – der Prignitzer Adel nahm den gewinnträchtigen Verkauf und Versand der Ernte selbst in die Hand. Schließlich hatte man auch genug billige Arbeitskräfte, um die Gutswirtschaft auszuweiten: die Bauern! Im Mittelalter mußten die Hüfner und Kossäten dem Grundherren vor allem Abgaben in Naturalien (später auch Geld) leisten, die beinahe den ganzen Ertrag des Hofes auffraßen – nun forderte die Gutsherrschaft statt dessen immer mehr Frondienste ein, während dem Bauern zumindest 50 % des Gewinns aus eigener Wirtschaft blieb. Aus den Erbregistern und Hausbüchern kennen wir die Belastungen der Dörfler auf den Quitzowschen Besitzungen: 1560 mußten die Kletzker Hüfner zwei Tage die Woche mit dem Gespann dienen, in der Erntezeit war die Arbeitspflicht unbegrenzt. In Stavenov forderte die Herrschaft zu Beginn des 17. Jahrhunderts Gespanndienst an drei Wochentagen. Zusätzlich lastete der Abtransport des Getreides auf den Bauern: ungemessene »Schiffsfuhren« nach Wittenberge, wo die wertvolle Fracht zu den Absatzmärkten in Holland und Flandern verschifft wurde, oder gar »Lüneburgische Reisen«, bei denen man auf dem Rückweg gleich kostbares Salz mitbrachte. Kosten entstanden der Herrschaft dabei kaum – auf Vollzähligkeit und Pünktlichkeit hatte der Schulze zu schauen, der dafür nur das Leseholz aus den Wäldern erhielt. Und eine Tonne Bier pro Dorf in der Ernte war die einzige Beköstigung, die die Herrschaft stellte.

Auch an Gutsgesinde mangelte es nicht – hatte doch der Kurfürst 1536 verfügt, daß alle daheim abkömmlichen Bauernkinder auf dem Gute gegen geringen Lohn dienen mußten. Selbst der Prozeßweg gegen unangemessene Lasten wurde den Dörflern äußerst riskant gemacht – 1540 setzte der Kurfürst fest, einen Bauern in den Turm zu stecken, der ohne zureichenden Grund beim Kammergericht seine Herrschaft verklagte. Auf demselben Landtag gestand Joachim II. dem Adel zu, jeden »ungehorsamen, mutwilligen Bauern« auszukaufen – womit dem »Bauernlegen« zur Vergrößerung der Gutswirtschaft Tür und Tor geöffnet war.

Denn der Kurfürst steckte tief in Schulden und wollte den wohlhabenden Adel für finanzielle Hilfen gewogen stimmen. Steuerlasten ruhten auf den Prignitzer Standesherren kaum – nur ein Drittel der Landessteuer hatten sie zu erbringen, der Rest lastete auf den gebeutelten Städten.

Wie sich die Lebensweise der Quitzows seit den Zeiten der wilden Fehden und des Stehgreifrittertumes radikal wandelte, zeigt wohl am besten der Lebenslauf des Lüdke (Ludolf) von Quitzow auf Stavenov. Tüchtig und rigoros wußte er stets seine materiellen Interessen durchzusetzen und den Besitz zu mehren – was ihm unter Verwandten und Gutsnachbarn nicht allzu viele Freunde schuf … Schon bei der Erbteilung 1515 fiel unter den 5 Brüdern dem um 1480 geboren Lüdke mit der Herrschaft Stavenov der fetteste Brocken zu – zählte doch sein Schwiegervater Albrecht von der Schulenburg zur markgräflichen Kommission für die Erbteilung. Von 1530 an war der mecklenburgische Statthalter und Geheime Rat »die Hauptperson am Hofe zu Güstrow«, bis Herzog Albrecht 1547 starb – diese Stellung half ihm jedenfalls, schon 1533 seinen jederzeit einlösbaren Pfandbesitz Stavenov für 3 000 Gulden in ein erbliches Mecklenburger Lehen zu verwandeln. Ob er das Geld nun schon selber herausgewirtschaftet oder mit seiner zweiten Frau Anna von Oberg »angeheiratet« hatte – seine Herrschaft verstand Lüdke energisch auszubauen. Den Vettern auf der Eldenburg wußte er das Mitnutzungsrecht an den Stavenover Forsten wie etliche Stücken wüster Feldmark abzuhandeln – und begründete damit eine generationenlange Feindschaft beider Linien. Jene wüstgefallenen Feldmarken ließ Lüdke wieder unter den Pflug nehmen, legte Schäfereien an und prozessierte zähe um jedes Feld in den Dörfern ringsum, um seinen Besitz zu vergrößern. Als er 1555 hochbetagt seine Güter dem Sohn Albrecht übergab, lief vor Gericht noch ein Prozeß um das Erbe an der Gutsherrschaft Voigtshagen. Die mecklenburgische Linie der Quitzows, die vormals dort gesessen hatte, war nämlich 1548 ausgestorben. Erst nach dem Tode des alten Lüdke 1565 gelang es Albrecht, auch diesen Familienbesitz zu erringen – ein teurer Sieg, denn Voigtshagen war enorm verschuldet...

Auch in seiner täglichen Lebensweise unterschied sich Lüdke von seinen gefürchteten Vorfahren. Die unbequeme Burg in Stavenov nutzte er fast nur noch als Wirtschaftshof – hatte er doch in Perleberg mehrere Häuser erworben, wo er gewöhnlich lebte und seine Geschäfte führte. Hier galt er als »großgunstiger ghunner und getrewer, freundtlich lieber nachtpare«, stiftete er doch nicht nur 1557 Frieden im Streite zwischen Rat und Bürgerschaft von Perleberg, sondern war auch einer der Hauptmäzene der Stadtschule. Vor einem Jahrhundert noch der Schrecken der Stadtbürger, stellten die Quitzows nun friedensstiftende, spendable Honoratioren! Auch wenn es um diffizile landespolitische Fragen ging, war Lüdke ein kundiger, ausgleichender Verhandlungsführer. Vor allem bei der heiklen Säkularisation beider Prignitzer Zisterzienser-Nonnenklöster nach der Einführung der Reformation erwies sich sein Geschick. Unter seiner Vermittlung wandelte sich das »Hauskloster« Marienfließ der Edlen Herren Gans zu Putlitz in Stepenitz nach langem Widerstreben der Nonnen in ein evangelisches Stift um. Aber diese Gegenwehr war nichts, verglichen mit dem jahrelangen verbissenen Ringen um das Kloster Heiligengrabe. Und gerade bei diesem Kampf gegen den protestantischen Landesherren flackerte ein letztes Mal der Geist der Adelsfronde auf. Und wieder spielte ein Quitzowsches Geschwisterpaar dabei den Hauptpart – Dietrich auf Rühstädt und seine Schwester Anna, die letzte Äbtissin des Klosters.

Um die Schärfe des Konfliktes zu begreifen, muß man sich die »soziale Funktion« der meisten mittelalterlichen Nonnenklöster vor Augen halten: Sie dienten – vor aller Spiritualität – zuerst zur standesgemäßen Versorgung unverheirateter Töchter des Adels (oder der reichen Bürgersfamilien). Mußte jede Novizin auch eine erhebliche »Mitgift« ins Kloster einbringen – die angemessene Aussteuer einer Braut kostete in jenen Kreisen sehr viel mehr! Deshalb waren auch dem Zisterzienserinnenkloster Heiligengrabe bei Pritzwalk – 1287 durch Markgraf Otto den Langen gegründet – reiche Landschenkungen vom Prignitzer Adel zugekommen; 17 Dörfer und zwei Vorwerke nannten die Nonnen am Ende des Mittelalters ihr eigen. So konnte der Konvent auch wiederum den verwandten Adelsfamilien finanziell unter die Arme greifen, wenn diese häufig genug in Geldnot gerieten. Fest genug gründete sich also die Freundschaft zwischen den Prignitzer Rittern und dem Kloster – auf wirtschaftlichen Interessen…

Und so war es keinesfalls einer besonderen Treue zur katholischen Kirche geschuldet, daß sich die Prignitzer Ritterschaft hoch erbost zeigte über die Auflösung des Klosters durch Joachim II. Noch auf dem Landtag 1540 hatte der gerade zum lutherischen Glauben übergetretene Kurfürst schriftlich versichert: »Nachdem auch den stendenn und sonderlich denen von der ritterschaft an den bisthumen, stifften, clostern und comptereien etwas gelegen in erwegung, daß sie ihre kinder und gefreunten darinn unterbringen und unttherhalten, soll in solchenn geistlichen guttern keine unbillche voranderung vorgenommen werden...« Schließlich sollten die Stände den landesherrlichen Schuldenberg von einer Million Gulden abtragen helfen durch Sondersteuern, da durfte man sie nicht vergrätzen. Nichtsdestotrotz begann Joachim allerorts im Brandenburgischen die Klöster aufzuheben und die zugehörigen Güter in eigenen Besitz zu nehmen. Da den derzeitigen Bewohnern – Mönchen oder Nonnen – noch lebenslanger Unterhalt und Wohnung zugesichert wurde, gab es allermeistens keinerlei Probleme, außer in der Prignitz...Dabei hatte der Kurfürst am 21. Januar 1543 gerade das Kloster Heiligengrabe mit seinem reichen Landbesitz dem dortigen Landeshauptmann Curt von Rohr für 5 000 Gulden überschrieben. Aber dem gelang es einfach nicht, die Nonnen zur Übergabe des Klosters »mit allen Kleinodien und Privilegien« zu bewegen. Stand doch an ihrer Spitze eine angesehene, kluge und energische Frau mit dem ganzen Stolz und Trotz ihres Geschlechtes: die Äbtissin oder »Domina« Anna von Quitzow. Am katholischen Havelberger Bischof Busso von Alvensleben fanden sie und ihr Konvent genug geistlichen Rückhalt, um sich der neuen Lehre und der Aufhebung des Klosters zu widersetzen – lieber zeitliche Strafe als ewige Pein wollten sie erdulden, so sagten sie. Und diesen Vorsatz wußten die Damen auch recht handgreiflich zu verteidigen. Als Claus Dase, der Vogt des Curt von Rohr, am 2. Mai ins Kloster einrücken wollte, jagten ihn die Nonnen mit Stangen und und Steinwürfen wieder hinaus und versicherten ihm, das nächste Mal würde er totgeschlagen. Doch trotz allen Kampfesmutes schien die Lage der Widerspenstigen immer aussichtsloser – belagerten doch vom 3. Oktober 1543 an zwei Hauptleute mit ihren Landsknechten das Kloster und schnitten jegliche Zufuhr an Lebensmitteln ab. Nun aber fanden die frommen Schwestern machtvollen Rückhalt in der Ritterschaft unter Führung von Annas Bruder Dietrich von Quitzow auf Rühstädt. Zwei Landtage hielten die Standesherren von Prignitz und Altmark im Laufe des

Herbstes zu Werben und Seehausen in der Altmark ab, ohne daß der Landesherr überhaupt gefragt oder informiert wurde – Dietrich von Quitzow führte das Wort, prangerte den Wortbruch Joachims II. an: Er »fühle den Strick schon um den Hals gelegt, diesen Jammer seiner Blutsverwandten könne er nicht mit ansehen«. In energischen Briefen an den Landesherren forderten die Ritter zu Werben die Rechte des Klosters ab, und Dietrich von Quitzow sammelte selbst die Siegelringe ein, damit auch keiner bei der Unterzeichnung kniff. Denn der Zorn des Kurfürsten war gleichsam vorgezeichnet – bremsten doch die Standesherren auch noch die Ablieferung jener so dringend erwarteten Steuergelder ... Wiederholten Vorladungen an den kurfürstlichen Hof leistete kaum ein Ritter Folge – der Geist der Adelsfronde schien an jenem »Klosterstreit« wieder aufzuflammen! Nichts war vergessen vom alten Zwist zwischen Hohenzollern und Quitzows: Schuld an allem, so ließ Joachim dem aufmüpfigen Adel sagen, trage Dietrich von Quitzow mit seinen unversöhnlichen scharfen Worten, die Quitzows hätten sich doch schon früher gegen die Herrschaft aufgelehnt! Mit strafrechtlichem Vorgehen, ja mit Lehnsentzug drohte der erboste Landesherr. Und nur ein Gutachten Wittenberger Rechtsprofessoren, dies würde juristisch auf allzu schwankenden Füßen stehen, hielt ihn zurück. Derweil leerte sich das Kloster – nicht nur Anna von Quitzow hatte auf dem Seehausener Landtag die Sache des Konvents vertreten, viele Adelsfamilien holten ihre Töchter und Schwestern aus dem belagerten Kloster vorsichtshalber erst einmal heim. Und wer draußen war, durfte nicht zurückkehren – vor allem die »Domina« Anna von Quitzow nicht. Nun unterwarfen sich auch jene acht Nonnen, die in Heiligengrabe zurückgeblieben waren, am 14. Februar 1544 der evangelischen Kirchenordnung. Und Curt von Rohr nahm die Klostergüter endgültig in seine Verwaltung. Alles schien bereits verloren – aber die Äbtissin gab nicht auf: Anna von Quitzow appellierte an den Papst und den kaiserlichen Hof. Man erzählt, sie wäre mit den treuen Nonnen sogar schon zu Fuß nach Wien aufgebrochen, um dort die Interessen des Klosters persönlich zu vertreten. Unterwegs aber hätte ihnen ein guter Freund mitgeteilt, ihre Sache sei nun doch glücklich ausgemacht – und der Fußmarsch an die Donau blieb den märkischen Fräulein erspart... Der schier aussichtslose Kampf hatte Früchte getragen: Zu guter Letzt wurde nach jahrelangem Streit doch noch ein Kompromiß ausgehandelt – vermittelt durch Dietrich und Lüdke von Quitzow mit der ganzen Autorität ihrer mächtigen Familie und der gesamten hiesigen Ritterschaft. Zwar entschuldigten sich Äbtissin und Konvent für ihren Ungehorsam und nahmen auch protestantische Lehre wie Kirchenzeremonien an – aber am 17. April 1548 durften Anna von Quitzow und alle Nonnen wieder in Heiligengrabe einziehen. Für ebenjene 5000 Gulden kaufte das Kloster seinen alten Besitz dem Curt von Rohr wieder ab. »Tzu underhaldung armer oder gebrechlicher jungfrauen von adell« blieb Heiligengrabe als evangelisches »Kloster-Stift« bis in unsere Tage bestehen – mit all seinem Besitz und den ganzen mittelalterlichen Bauten! Wer heute durch die wohl bewahrte Anlage wandert, gotische Giebel und Gewölbe bewundert, der sollte sich besinnen, daß ihre Erhaltung auch dem Quitzowschen Starrsinn zu verdanken ist!

Im Apsisrund der Rühstädter Kirche kann der Besucher eine kunsthistorische Kuriosität bewundern – mit bunten Farben an die Wand gemalt ist der Grabstein eines hübschen Fräuleins von Quitzow in strenger schwarzer Tracht und einem grünen Jungfernkränzlein, das ihr schräg im aufgelösten Blondhaar sitzt. Die Kirchenführer berichten die alte Mär, dies sei Anna von Quitzow, die kühne Äbtissin. Nach ihrem Tode habe sie die Familie auch in der Gruft unterm Altar beigesetzt, wo insgesamt 60 Quitzows ihre letzte Ruhe gefunden haben sollen. Eine Inschrift fehlt dem Bild, und obwohl die Äbtissin Anna wirklich nicht auf dem Heiligengraber Stiftsfriedhof beerdigt liegt – dieses Bild stellt sie wohl kaum dar! Rechts oben erkennt man auch deutlich

als mütterliches Wappen den Schild mit den zwei Querbalken unterm Büffelgehörn, das Wappen derer von Arnim – nicht das der Familie von der Schulenburg, der Annas Mutter Richessa entstammte. Eine jung verstorbene Nichte der Äbtissin wird hier dargestellt sein. Mögen bei diesem Frauenbild Legende und Realität verschwimmen – Annas Bruder Dietrich können wir ohne alle Zweifel ins markante steinerne Gesicht schauen: Auf der anderen Seite des Altares ist in Rühstädt sein Grabstein bewahrt! In voller Rüstung, mit langem Bart und kahler Stirn steht er zwischen den Wappen seiner Ahnen. 1552 ist er verstorben – im hohen Alter von 80 Jahren! Der Ritter, der sich so vehement für die Rechte der frommen Schwestern einsetzte, hatte unverheiratet, aber keinesfalls keusch und kinderlos gelebt. Er vermachte nämlich seiner »Dienerin« Margarete Liebrecht und deren Söhnen Hans Jacob und Henning Dietrich etliche Höfe in seinen Dörfern als deutliches Zeichen von väterlichem Stolz und Fürsorge auch für außereheliche Nachkommen. Die Familie scheint diesen illegitimen Zweig halbwegs akzeptiert zu haben – 1610 nennt sich ein Nachfahr der Margarete Liebrecht offen Matthias Quitzow, 1665 führen die Brüder Dietrich und Otto von Quitzow aus jener Linie schon unbeanstandet das Adelsprädikat »von«. Quitzow-Blut galt auch jenseits der Ehe als wertvoll genug!
Die Herrschaft Rühstädt aber fiel 1552 dem Neffen auf der Eldenburg zu – und der hieß ebenfalls Dietrich, zur Unterscheidung von seinem Onkel »der Jüngere« genannt (1515–1569). Er war der Sohn des Landeshauptmanns Georg von Quitzow, des Bruders von Dietrich »dem Älteren«. Vater wie Sohn – über die ja im Zusammenhang mit der Sage von Judenklemme und Brudermord schon berichtet wurde – erhielten ihre Grabmäler in der Rühstädter Kirche. Fest umklammert hält das gotische Reliefbild des 1527 verstorbenen Georg von Quitzow – links neben dem Altar – einen Stab; war es dereinst der Schaft einer derweil verwitterten Waffe oder gar ein Befehlshaberstab als Zeichen seines

Amtes? Dies ist nicht das einzige steinerne Zeugnis, das noch von seinem Leben und Wirken kündet: Um 1520 ließ der Landeshauptmann die ehemals heißumkämpfte Burg Kletzke durch einen zeitgemäßen Bau ersetzen. Diese »Neue Burg« stand stilistisch in Bauformen und Anlage schon ganz auf der Höhe der anbrechenden Renaissance-Epoche. Und auch wenn der Zahn der Zeit ihre Mauern bis zur Formlosigkeit zernagt hat – die malerisch überwachsene Ruine im Kletzker Gutspark stellt immerhin die am besten und vollständigsten erhaltene Quitzow-Burg überhaupt dar! Sein Sohn Dietrich »der Jüngere« tat es ihm nach – im ererbten Rühstädt errichtete er ein neues Schloß anstelle der alten Feste. (Dieses allerdings mußte keine zweieinhalb Jahrhunderte später wiederum einem Barockbau weichen...)

Der »modernere« Wohnsitz war Ausdruck der hohen gesellschaftlichen Stellung; »Dietrich von Quitzow war einer der bekanntesten und hervorragendsten Männer der Mark Brandenburg seiner Zeit«, schreibt Warnstedt, »und ein berühmter Kriegsheld.« Denn der Reiterobrist lenkte 1553 die Schlacht bei Sievershausen als kaiserlicher Feldmarschall! Auch sonst häuften sich seine Titel und Ehrenämter: Geheimer Rat in Brandenburg und Braunschweig-Wolfenbüttel (wo er die Herrschaft Wiedelah erworben hatte), kaiserlicher Rat, kurbrandenburgischer Kammerjunker und Kriegsrat und von 1567 an auch – wie sein Vater – Landeshauptmann der Prignitz. Wie es sich für solch eine reputierliche Standesperson gehört, hinterließ er eine Stiftung von 1 000 Talern für arme Untertanen. Gleich zweimal ist er in der Rühstädter Kirche dargestellt: Auf seinem Grabstein liegt er, Seite an Seite mit seiner Gemahlin Ilse von Veltheim, vor dem Altar – verborgen unter einem dicken Teppich... Rechts neben dem Apsisbogen jedoch ragt sein reichgeschmücktes Epitaph auf. Über einer hohen Tafel mit genügend ausführlichen ehrenden Reimen steht der steinerne Ritter nebst Schwert und Streitkolben in einer Nische unterm Relief des Auferstandenen. Aber dies alles wirkt nahezu bescheiden gegen die Pracht des Epitaphs auf der anderen Seite der Kirche: In edlen Hochrenaissance-Formen rahmen eine Vielzahl allegorischer Alabasterfiguren und zwei Säulen aus Marmor die nahezu lebensgroße Gestalt eines betenden jungen Mannes. Es ist der Sohn des Reiterobristen, der auch – wie beinahe nicht anders zu erwarten in dieser Linie – Dietrich hieß. Und er hatte auch als letzter Quitzow teil an einer Bluttat, die die Mark aufhorchen ließ und in die Volksliteratur einging. Nur war er nicht mehr – wie ehemals seine Altvorderen – der mutwillige, gefürchtete Täter, sondern das allseits bedauerte Opfer…

Die neue Art der Kriegsführung schuf neue Gefahren für den Landfrieden – auch und gerade wenn kein Krieg mehr herrschte. Denn dann wurden die Landsknechte entlassen – und nicht alle gaben sich ohne Lohn und Brot, ohne Platz in der Gesellschaft so freundlich und sympathisch-hilflos wie die »ausgedienten Soldaten« in den Volksmärchen. Den Söldnern war die Gewalt alltäglich, also machten nun anstelle der Raubritter ganze Banden bewaffneter »Gardebrüder« das flache Land unsicher, bis wieder irgendwo ein neuer Kriegszug Bedarf an Mannschaft hatte oder bis sie endlich in ihre alte Heimat zurückkehrten.

So ein Haufen von etwa 60 Landsknechten, vormals in kurfürstlichen Diensten und nun auf dem Weg heimwärts in den Harz, fiel am 25. Oktober 1593 in Rühstädt ein, plünderte das Dorf aus, »plagte und drängte« die Einheimischen, wie man es halt aus dem Kriege gewohnt war. Die Rühstädter sandten sofort Nachricht zum Grundherrn – der dreißigjährige Dietrich von Quitzow, seit 13 Monaten erst verheiratet, jagte gerade mit Freunden in den Wäldern bei Glöwen. Sofort ritt er heim – hätte er sich nur nicht von seinem Freunde Christoph von Restorff begleiten lassen! Auf dem halben Weg nach Rühstädt, auf der Dorfstraße von Legde trafen die beiden auf die betrunkene Söldnerrotte. Man vermag sich vorzustellen, wie der Junker den Hauptmann der Landsknechte, Jürgen Hanne, energisch anfuhr und ihm das Ungesetzliche solcher Beutezüge vorhielt. Der aber gab die harschen Worte stolz zurück – konnte er doch ein »Patent« herzeigen, einen kurfürstlichen Brief, der ihm allerorts das Anrecht auf Verpflegung und Unterkommen zusprach. Während Dietrich von Quitzow noch jenes Schreiben las und prüfte, ging der Adelsstolz mit Christoph von Restorff durch: Empört über die allzu frechen Worte einem Ritter gegenüber, schoß der Junker den Jürgen Hanne nieder. Bei der erdrückenden Übermacht kampferprobter Gegner war damit nicht nur sein Schicksal besiegelt. Die Landsknechte – erbost über den Tod ihres Anführers – rissen Dietrich von Quitzow vom Pferd, stachen mit Dolchen und Spießen auf ihn ein – 60 Wunden soll sein Körper gezeigt haben. Und als er »sein Haupt noch richt empor« (wie es in einer Volksballade über die Bluttat heißt), da kniete sich das Weib des erschossenen Hauptmanns, Margarete Brandenburg, auf die Brust des Junkers. »Endlich die Kehl ihm schneidet ab, ja das vom Weib war viel zu grob. Die Augen ihm auch ausstechen tut, also muß bleiben Adelich Blut«, wie es jene Moritat ausmalt. Dabei ging ihr noch der zehnjährige Sohn zur Hand – in den Krieg zogen die Landsknechte oft genug mit Weib und Kind, die dann beim Troß blieben. Auch Christoph von Restorff, der sofort seinem Pferde die Sporen gab und fliehen wollte, erhielt von kundigen Söldnerhänden noch ein tödliches Quantum an Stichen versetzt. Natürlich rief die Nachricht von einem solchen Massaker Adel wie Bürgerschaft ringsum zu den Waffen – die Landsknechte wurden überwältigt und in die Schloßgefängnisse ringsum gesteckt. Am 30. April 1594 erging das Urteil: Sechs Männer und die Margarete Brandenburg wurden in Rühstädt enthauptet, die anderen ausgepeitscht (gestäupt) und des Landes verwiesen. Auf kurfürstlichen Befehl wurden die Köpfe der Hingerichteten auf Stangen gesteckt – »andern zur Abscheu und wegen der schrecklichen und unerhörten Mordthat«. Dem ermordeten Dietrich von Quitzow jedoch setzte man nicht nur in der Kirche zu Kletzke einen Grabstein (den ebenfalls der besagte Teppich bedeckt) und jenes prächtige Epitaph – auch am Orte seines Todes auf der Dorfstraße in Legde erhebt sich ein sandsteinernes Denkmal, das den Ritter ebenso in voller Rüstung zeigt. »Was dem berühmten Dietrich von Quitzow an Bild und Huldigung über das Grab hinaus versagt blieb«, kommentiert Fontane, »wurde dem unberühmten in reichem Maße zuteil.«

Die Brüder des Ermordeten erhielten ihre letzte Ruhestätte in der Gruft zu Kletzke – und ihre steinernen Abbilder schmücken die dortige Kirche. Gleich rechts neben dem Portal steht an der Westwand ein korpulenter Ritter, die eine Hand am Schwertgriff, in der anderen die Streitaxt (das Beten bleibt gleichsam seiner Gattin Magdalena neben ihm überlassen). Es ist der kurbrandenburgische Landrat Achatz von Quitzow, in dessen Grab man nicht nur jenen geheimnisumwitterten Goldring fand, sondern auch sein gut erhaltenes Schwert – diese echte Quitzow-Waffe kann jeder Besucher im Glaskasten hinterm Altar noch bewundern. Seine übergewichtige Physiognomie erkennt man unbezweifelbar auf dem großen Sandsteinepitaph an der inneren Südwand wieder – zwischen üppigen Renaissance-Ornamenten faltet seine Gestalt hier auch selber die Hände zum Gebet! Noch prunkvoller und auch kunsthistorisch von bedeutendem Wert ist das Epitaph Philipps von Quitzow, des dritten der Söhne Dietrichs des Jüngeren. Aus Alabaster, dunklem und hellem Marmor zusammengesetzt, erinnert es in seiner breit ausladenden Form an spätgotische Flügelaltäre. Wieder ist die lebensgroße Gestalt von Säulen und Figürchen – biblische und allegorische Gestalten – gerahmt. Das Knorpelornament wie die hohe Qualität der Skulpturen weisen für Kunsthistoriker auf den bedeutenden Bildhauer Christoph Dehne in Magdeburg. (Aus derselben Werkstatt könnte auch der andere Grabstein an der Westfront stammen – das Relief eines Ritters in geradezu tänzerisch bewegter Pose stellt Christopher von Quitzow, Mitbesitzer von Kletzke, dar – das einzige Mitglied der Stavenover Linie, dessen steinernes Abbild wir kennen.)

In seiner nahezu fürstlichen Noblesse markiert das Grabdenkmal des 1616 verstorbenen Phillipp gleichsam symbolisch den Gipfel an Macht, Ansehen und Reichtum des Geschlechtes in der Prignitz. Der Verstorbene war kurbrandenburgischer Landrat und braunschweigischer Rat, hier wie dort auch Amtshauptmann – und in Mecklenburg Kammerjunker. Er hatte nicht nur Pfarre und Kirche zu Seedorf gestiftet, sondern auch die Eldenburg in ein stattliches Renaissance-Schloß verwandelt! Dieses prunkvolle Epitaph ist jedoch das allerletzte Grabmal eines Quitzows, das erhalten blieb – nachdem die Sterne der Quitzows noch einmal ein Jahrhundert in sattem Glanz über der Prignitz strahlten, beginnen sie nun langsam, aber endgültig zu erlöschen.

FAST WIE EIN FLUCH
Die Sterne der Quitzows verlöschen

Über das gesamte erste Jahrhundert des preußischen Königtums zog sich erneut ein verbissener Kampf der Prignitzer Quitzows um Recht und Besitz. Und wieder löste ein Hohenzollernherrscher diesen Streit aus – »der Haß gegen die Familie der Quitzows erwachte auf's neue«, heißt es in einer zeitgenössischen Denkschrift ebenjenes Geschlechtes. Doch im Zeitalter des Absolutismus wurde der Strauß nicht mehr mit Kanonen und Schwertern ausgefochten, sondern vor den Schranken des Gerichtes! Und als die Quitzows endlich – nach beinahe 150 Jahren – trotz all ihrer Hartnäckigkeit und Ausdauer dennoch diesen Kampf verloren hatten, da währte es kein Vierteljahrhundert mehr, bis auch das letzte Glimmen ihrer Sterne in der Mark verschwand. Es war kein plötzliches Erlöschen. Herrschaft für Herrschaft ging den Quitzows verloren, Linie um Linie starb aus – und an die Stelle des satten Reichtums traten immer drückendere Geldsorgen: Die letzten märkischen Quitzow-Töchter blieben mangels einer standesgemäßen Aussteuer fast alle unverheiratet...

Es sei noch einmal an den Besitz des Geschlechtes um 1600 erinnert: Am besten verstanden die Quitzows auf Eldenburg zu wirtschaften und ihren Wohlstand zu mehren – und Karriere in Kriegs- und Staatsdienst wußten die Eldenburger auch zu machen!

Warnstedt spricht von der »Eldenburger Energie« und individueller Tüchtigkeit dieser Linie des Geschlechts. In Kletzke lagen die Schlösser beider Linien nebeneinander – in der Neuen Burg wohnten die Eldenburger, die Alte Burg, vom Wassergraben umgeben, stand den Stavenovern zu. Hinter der Kirche gab es sogar noch ein weiteres Herrenhaus der Stavenover. Zum Haus und Gut Rühstädt der Eldenburger gehörte halb Quitzöbel, zum Haus und Gut Quitzöbel der Stavenover – das sich bereits in zwei Nebenlinien aufgespalten hatte beim reichlichen Stavenover Kindersegen – halb Rühstädt. Die Stavenover Linie hatte daneben den Hauptteil des Erbes – fünf Siebentel – der Mecklenburger Quitzows auf Voigtshagen angetreten. Die Eldenburger erhielten den geringeren Part – dafür gehörte ihnen noch Wiedelah am Harz. Und um jeden dieser Rittersitze reihten sich noch die »Pertinenzien«, etliche Dörfer, wo den Quitzows Abgaben, Frondienste, Gerechtsame zustanden. Die Nachfahren des berüchtigten Frondeurs Dietrich von Quitzow zählten um 1600 zu den reichsten Grundbesitzern der Prignitz.

Abseits dieses Glanzes, im Schatten selbst der lokalen Geschichte stehen die »armen Vettern« auf Grube, Kuhsdorf und Bullendorf. Schon im 16. Jahrhundert heißt es von einem Caspar von Quitzow dieser Familie, er lebe »vielleicht aus Armut« nicht auf seinen Gütern, und ein Heinrich von Quitzow mußte sogar den Stammsitz Grube an den reichen Vetter Philipp auf Eldenburg für 20 000 Gulden versetzen.

Doch seit der Wende zum 17. Jahrhundert ging es auch mit jenem wohlbegüterten Stamm der Eldenburger und Stavenover bergab. Die goldenen Zeiten für die Gutswirtschaft waren allerorts vorüber, derweil wurde in Mitteleuropa allzu viel geerntet und auf den Markt gebracht – die Preise für landwirtschaftliche Produkte stürzten ins Bodenlose. Dazu verschlechterte sich auch noch das Geld erheblich – die Krise forderte überall ihre Opfer. Nun waren die Adelsfamilien mit zahlreichen Söhnen übel dran – denn wie sollte in dieser Zeit das Erbe geteilt werden, ohne die Gutswirtschaft zu belasten? Als Albrecht von Quitzow auf Stavenov um 1595 starb, hinterließ er immerhin 5 Söhne! Lüdke, dem das Los bei der Erbteilung Stavenov zusprach, häufte immer mehr Schulden an. Mußte er doch seinen Brüdern, die weniger wertvolle Teile der Erbmasse erhielten, dafür einen Ausgleich zahlen. Als endlich eine Zwangsversteigerung drohte, verkaufte er vor 1614 alles seinem Bruder Cuno – jetzt hatte der alle Schulden und brüderlichen Zahlungspflichten am Hals! Insbesondere seinem Bruder Hans Albrecht konnte Cuno die zugesicherten 13 000 Gulden nicht mehr auszahlen – 1621 erklärte der sich zwar bereit, für 6 % Zinsen im Jahr auf das Geld vorerst zu verzichten, aber den größten Teil der Herrschaft Stavenov mußte Cuno ihm als Pfand überschreiben. Und den forderte Hans Albrecht dann auch ein, als zwei Jahre später selbst die Zahlung jener Zinsen stockte – von brüderlicher Liebe blieb nun zwischen den beiden Quitzows verständlicherweise gar nichts mehr übrig! Cuno zog auf den kleinen zugehörigen Rittersitz Premslin…

Nun aber brach über die ganze Prignitz die größte Katastrophe der deutschen Geschichte herein – Historiker haben nachgerechnet, daß der 30jährige Krieg Deutschland im Verhältnis größere Menschenverluste und stärkere Zerstörungen brachte als der Zweite Weltkrieg! Und immer wieder zogen fremde Armeen gerade durch die Prignitz mit ihrer ungünstigen Lage zwischen Festungen und Elbpässen – kaum ein Landstrich der Mark wurde so arg gebeutelt. Konnte doch die heimische Lehns- und Bürgermiliz gegen die gut bewaffneten und kampferfahrenen Söldnerheere gar nichts zum Schutze des Landes ausrichten. Die dänischen Truppen, die 1626–27 als erste durchs Land marschierten, hielten noch leidlich Disziplin, aber als Wallensteins Heer in die Prignitz vordrang, begann die Leidenszeit der Bevölkerung: Schon im Herbst 1627 brandete die erste Welle der Verwüstung heran. Die kaiserliche Soldateska hätte »die Dörfer des Kreises ganz ruiniert, die Leute verjagt und totgeschlagen, Weiber und Jungfrauen geschändet und nackend ausgezogen, weder Adelssitze noch Kirchen und Gräber verschont«, wie es in einem zeitgenössischen Bericht hieß. Das verödete Land werde »müssen

Blumen tragen« und kein Korn... Aber das war erst der Beginn der Schreckenszeit. Sold und Verpflegung der durchziehenden Regimenter mußten die Landstände stellen, die überall angeworbenen Truppen plünderten daneben noch auf eigene Faust. Als die Schweden unter Gustav Adolf die Kaiserlichen hinaustrieben, schien die Prignitz aufatmen zu dürfen. Aber nachdem Brandenburg mit dem Kaiser 1635 seinen Frieden machte, wandelten sich gerade die Schweden zu erbitterten und grausamen Feinden. Die Prignitz wurde Kriegsschauplatz zwischen ihnen und den kaiserlichen Heeren – jede Armee, die hier erschien, verübte neue Greuel. Und Seuchen brachten die Truppen auch ins Land, wie 1638 die Pest. Kein Wunder, daß 1641 die Stände dem neuen Kurfürsten Friedrich Wilhelm ihr Prignitzer Land als »ganz ruiniert« beklagten: Kaum zehn Adlige, nur noch 373 Bauern und in den Städten »300 nahrlose und übel geplagte Hauswirte« würden hier noch leben. Kein Brot, kein Saatgut sei mehr vorhanden, die Ackergeräte wären geraubt, viele Städte lägen völlig verödet und in Asche. Die Überlebenden nährten sich von Obst und unnatürlichen Speisen – so würde man in keinem der Orte mehr einen Hund oder eine Katze finden... Wer irgend konnte, ging außer Landes.

So auch Victor von Quitzow aus dem Stamme der »armen Vettern«, der Kuhsdorf und Bullendorf besaß. Sein festes Schloß in Bullendorf brannte nieder, sein Töchterchen Anna Ursula konnte 1638 nur »in dem neuen kleinen Schäferhäuschen« geboren und auch getauft werden. Kein Wunder, daß er sich dann doch vor Not und Krieg in die Heimat seiner Frau Hippolyta von Bredow, nach Klessen ins sichere Havelland flüchtete – um nun sein Leben zu fristen, mußte er bei der dortigen Kirche borgen. Einen einzigen silbernen Becher besaß er noch, den er stets in höchster Not verpfändete, doch sofort wieder einlöste, falls wieder etwas Geld hereinkam. Nach dem Kriege bestimmte er ihn zum unverkäuflichen Familienerbstück als Erinnerung an jene Notzeiten. Von seinem Dorfe Kuhsdorf hatte Victor gleich gar nichts mehr zu erwarten – als er einmal nach dem Rechten sehen wollte, lebte dort nur noch ein einziger alter Mann – auf dem Kirchenboden.

Auch Cuno von Quitzow aus der Stavenover Linie konnte sich in dieser harten Zeit natürlich nicht wieder hochwirtschaften – zumal er kein sonderlich guter Ökonom war... Seine Besitzungen wurden eingezogen. 1633 ist Cuno »elendiglich gestorben«. Es vermag allerdings kaum zu verwundern, daß sich zur Zwangsversteigerung der gesamten Herrschaft Stavenov, die das Kammergericht 1635 anordnete, kein Käufer fand, ebenso 1637 und 1642 – schließlich tobte noch immer der Krieg. Erst 1647 – auch Hans Albrecht hatte derweil das Zeitliche gesegnet – fanden sich gleich zwei Interessenten: Die Vettern auf Eldenburg, die eigentlich als Blutsverwandte ein Vorkaufsrecht besaßen, boten 22 000 Reichstaler, aber der kaiserliche Rat und Generalkriegskommissar Joachim Friedrich Freiherr von Blumenthal zahlte nicht nur 4 000 Taler mehr, sondern auch zum Teil in den wertvolleren Dukaten... Damit war die erste ihrer Gutsherrschaften für die Quitzows verloren – auch wenn die Stavenover bis 1717 zähe an ihrem formalen Lehnsrecht über ihren Stammsitz festhielten!

Es ist schon verwunderlich, daß die Eldenburger damals überhaupt solche Kaufsummen vorweisen konnten. Ihr Besitz war am Ende des Krieges geradezu eine Insel des Wohlstandes in der zerstörten Prignitz, nicht ein einziges ihrer hiesigen Güter hatten sie eingebüßt – ja 1644 auch noch Landin im Havelland dazugekauft. Und wenn man liest, wie der Amtsschreiber 1649 im Amtsbuch Haus und Rittersitz Kletzke – den Anteil der Eldenburger Linie – beschreibt, mit Wendelstein, Rüstkammer und Altan, Bier- und Weinkeller, mit Pferdeställen und einem Badehaus auf dem Vorwerk – dann möchte man nicht glauben, daß diese heile Welt mitten in einem beinahe wüsten Lande liegt. Mag die Abgelegenheit des Ortes in den Wäldern der Elbaue eine Rolle gespielt haben, wohin sich die fremden Kriegshorden kaum verirrten. Vor allem – so weiß Warnstedt zu berichten – aber besaßen die Eldenburger Bargeld in größeren Mengen. Hatte sich 1643 doch der Hildesheimer Bischof ihre ferne Herrschaft Wiedelah als Tafelgut angeeignet. Und am Rande all jener Verhandlungen zum Friedensschluß schlug man dafür nicht nur die volle Pfandsumme heraus, sondern noch 10 000 Taler darüber hinaus – schließlich hatten die Quitzows dort vormals wacker gebaut. Daß der Familie nun so viel Mittel zur Verfügung standen, um den raschen Wiederaufbau auf ihrem Grund einzuleiten, verdankte sie wohl dem Einfluß des 1606 geborenen Achatz von Quitzow – ein Neffe der beiden Brüder Achatz und Philipp, deren Epitaphien die Kletzker Kirche schmücken. Der hatte Karriere gemacht, nachdem er viel in Europa herumgekommen war und fließend Französisch wie Italienisch zu sprechen lernte. Als braunschweigischer Hofjunker stand der begabte Achatz auf bestem Fuße mit dem dortigen Herzog. Und im kursächsischen Heer stieg er vom Kornett bis zum Oberst der Kavallerie auf, für seine Tapferkeit auf dem Schlachtfeld zu Wittstock 1636 erhielt er sogar eine besondere Auszeichnung. Einen guten Fürsprecher für jene finanziellen Forderungen hatte die Familie also an ihm.

Es wirkt wie eine Ironie der Geschichte, daß ebenjener Kriegsheld, der die Eldenburger Quitzows derart herausgehoben hatte aus der drängenden Not ringsum, auch für ihren Untergang die Verantwortung trug. Denn nur er und sein älterer Bruder Dietrich waren derweil übriggeblieben von dieser Linie. Nun hatte Achatz jahrelang in glücklicher, aber unstandesgemäßer und ergo kirchlich nicht eingesegneter Liaison gelebt. Da starb am 4. April 1653 sein einziger Bruder unverheiratet, ohne männliche Leibeserben. Erst jetzt suchte Achatz – obwohl mit 47 Jahren nicht mehr der Jüngste – eine Ehe mit Maria Dorothea von Alvensleben zu schließen, um doch noch erbberechtigte Söhne zu zeugen. Aber bevor er seine Verlobte überhaupt vor den Altar führen konnte, traf ihn am 3. Oktober 1653 in Braunschweig der tödliche Schlaganfall. So erzählt es

Warnstedt. Romantische Naturen mögen sich die Gewissensqualen, die er nach solcher Untreue gegen seine Geliebte litt, als Ursache für seinen Tod ausmalen ... Jedenfalls erlosch mit ihm die so erfolgreiche Linie der Eldenburger – ihr Erbe übernahmen die Söhne jenes so unglücklich wirtschaftenden und elend verstorbenen Cuno von Quitzow auf Stavenov-Premslin, Christian Friedrich, Wedego Adam und Ulrich Sigesmund. Unbestritten war diese Erbschaft nicht. Auch die Vettern auf Bullendorf und Grube, Victor mit dem Silberbecher und sein Bruder Heinrich, hatten ihre Ansprüche angemeldet – diesmal wollte man nicht wie 1496 zurückstehen! Das jahrelange zähe Ringen vor Gericht um den Besitz war nicht die einzige Sorge der neuen Herren auf Eldenburg, Kletzke und Rühstädt – auch ökonomisch ging es bergab. Schon das notwendige Geld zur Übernahme des Lehens vermochten die drei Söhne des verarmten Cuno kaum aufzubringen. »Jetzt zeigte sich der Unterschied in den Fähigkeiten der beiden Eldenburger und Stavenover Linien«, schreibt Warnstedt. »Die Stavenover Vettern konnten die wirtschaftlichen Probleme gar nicht so gut bewältigen ... Nun setzte eine Mißwirtschaft ein, die zum fortgesetzten wirtschaftlichen Niedergang und zur dauernden Minderung des Ansehens des Geschlechtes führte.« Immer mehr von ihren Besitzrechten büßten die Quitzows ein – wie ein Symbol erscheint der Verlust von halb Kletzke. 1630 trat der zwanzigjährige Joachim Klinggräf in den Dienst des Dietrich von Quitzow, nach dessen Tod 1653 avancierte er zum Verwalter in Kletzke. Und als der Zweig der Stavenover Quitzows auf den beiden Rittersitzen »bei dem weißen Hause« und »bei dem Kirchhofe« in Kletzke ausstarb, erwarben die Klinggräfs diesen Anteil – 1684 gehörte er den Erben des Amtmannes Joachim Klinggräf. Stolz bauten sich die neuen Eigentümer ein Gutshaus neben die alte Burg der Quitzows. Für des Amtmanns Söhne Joachim und Elias war der Besitz von halb Kletzke gleichsam der erste Schritt zum gesellschaftlichen Aufstieg – 1715 wurden sie in den Adelsstand erhoben. Auch andere »Stammgüter« der Quitzows wechselten den Besitzer – in Quitzöbel hatten die von Bülow schon 1621 »Haus und Schloß mit allem Zubehör« erworben, was vormals der Stavenover Linie gehörte. Und Eldenburg stand seit 1658 – obwohl formal noch den Quitzows zu eigen – unter fiskalischer Verwaltung.

Doch nicht nur wirtschaftliche Probleme ließen die Sterne der Quitzows immer mehr verblassen. Schon in der nächsten Generation mangelte es der »Neu-Eldenburger« Linie an erbberechtigtem männlichen Nachwuchs. »Die Lebenskraft war verbraucht«, umschreibt Warnstedt dies poetisch. So war denn 1706, nach dem Tode seines Cousins Cuno Joachim, nur noch ein Sohn Wedego Adams, der Hof- und Legationsrat Cuno Hartwig von Quitzow als letzter männlicher Nachkomme des berühmten und gefürchteten Dietrich von Quitzow am Leben – mit ihm würde dieser Stamm der Familie schon bald aussterben.

Nun hatten die Vettern auf Bullendorf, Kuhsdorf und Grube alle Hoffnung, bald das Erbe antreten zu können. Waren doch schon seit 1441 die Quitzows immer wieder mit ihren Stammgütern ausdrücklich zur ganzen Hand belehnt worden, und ebendieses erhielten die Bullendorfer auch 1654 nochmals bestätigt, als die Stavenover das Eldenburger Erbe antraten. Doch nun zweifelte der Fiskus dieses Gesamthandrecht an, auf daß nach dem Aussterben der Linie auf Kletzke und Eldenburg alles wieder an den Landesherren zurückfalle. Es entspann sich ein jahrelanger Prozeß, wo den Quitzows der Linie Grube-Kuhsdorf Lehnsfehler vorgehalten wurden – sie hätten in den Erbfällen des 17. Jahrhunderts nicht alle »zur gesamten Hand gemutet«, d. h. den Antrag auf dieses Recht gestellt. Am 10. Februar 1686 erging der Abschied des Kammergerichtes: Das Gesamthandrecht an Eldenburg hätten die Quitzows nie besessen, für Rühstädt dieses Recht nie verfolgt – auf diese beiden Güter durften die »Gevattern von Quitzow auf Kuhsdorf, Bullendorf und Grube«

nun gar nicht mehr hoffen. Nur die Hälfte von Kletzke, die noch in Quitzow-Besitz war, erklärte das Gericht ausdrücklich zu einem entsprechenden »Familienerbe«. Damit waren natürlich auch alle auf Kletzke bezogenen »Lehnsfehler« der vorangegangenen Jahrzehnte höchstrichterlich verziehen.

Trotz dieser juristisch klaren Entscheidung – im Jahre 1707 »erwachte der Fiskus und der Haß gegen die Familie der Quitzows aufs neue«. König Friedrich I. ließ den Prozeß wieder aufrollen. Und in jener Denkschrift, wo 1799 der ganze Justizfall aus ihrer Sicht dargestellt wird, sprechen die »übriggebliebenen« Quitzows die glaubhafte Vermutung aus, hinter all dem würde eine Intrige des Paul Anton von Kameke stecken. Der hatte nämlich gerade in diesem Jahr bereits die eine Hälfte Kletzkes von den Gebrüdern Klinggräf für 22 000 Reichstaler erworben – und nun gelüstete es ihn natürlich auch nach der anderen, die ja bald vakant sein würde. Bei Hofe stand Kameke in hoher Gunst, war er doch nicht nur ein kundiger Schachpartner Friedrichs I., sondern besaß auch genug »Artigkeit, mit welcher er den König mehrenteils gutwillig gewinnen ließ« – so ging es noch in ein altes »Handbuch der brandenburgischen Geschichte« ein. Der König ernannte ihn jedenfalls zu seinem »Großgarderobier« (»grand maître de la garderobe«), später stieg er wie sein Bruder auch noch zum Amt eines Ministers auf – wie hätte Friedrich I. diesem anstelligen Günstling seine Bitte abschlagen sollen, die andererseits nur das schlecht angeschriebene Geschlecht der Quitzows schädigte. Noch bevor der König den Generalfiskal Duhram am 30. August 1707 überhaupt beauftragte, gegen das Gesamthandrecht der Quitzows Klage zu führen, hatte er schon den Quitzowschen Anteil an Kletzke dem Paul Anton von Kameke mit allen Rechten verliehen – sobald nur Cuno Hartwig von Quitzow starb. Der Prozeß jedoch schleppte sich erst einmal 4 Jahre hin und drohte wiederum günstig für die Quitzows auszufallen – bis Duhram auf den entscheidenden Gedanken verfiel, den Prozeß nicht mehr vor dem vollbesetzten Kammergericht, sondern in einer kleinen Sonderkommission aus drei Geheimräten weiterzuführen. Das fand natürlich die Zustimmung des Königs – schon im Februar 1712 erging das erwartete Urteil zuungunsten der Quitzows. Jene Seitenlinie hätte nach Ableben der Kletzker Vettern ihr Anrecht nicht genügend verfolgt – also ebenjene »Lehnsfehler« begangen, die 1686 ausdrücklich verziehen wurden. »Der König nutzte nun – eventuell auch ohne auf das Recht Rücksicht zu nehmen – seine Macht«, deutet Goralczyk diesen Rechtsspruch, »wie sie die Quitzows einst in den Fehden gegen ihre Nachbarn eingesetzt hatten, um seinen Vorteil zu nehmen und einstige Widersacher zu bestrafen.« Alle Versuche der Quitzows, das Urteil zu revidieren, scheiterten. Als Cuno Hartwig am 11. Januar 1719 starb und es nun wirklich um das Erbe ging, erhielten die überlebenden Vettern sogleich eine strenge Vermahnung, »bei Vermeidung königlicher Ungnade« den herrschenden Monarchen, Friedrich Wilhelm I. nicht mehr mit Eingaben zu belästigen. Die Kamekes nahmen Kletzke ein. Auch der andere Besitz von Cuno Hartwig wurde als heimgefallenes Lehen vom König verteilt – juristisch problemlos wegen des Urteils von 1686! Rühstädt nebst halb Quitzöbel fiel an den Staatsminister von Grumbkow, und auch der Fiskus selber ging ebenfalls nicht leer aus: Die Herrschaft Eldenburg verwandelte sich in ein königliches Domänen-Amt. Das Geschlecht von Quitzow schied endgültig aus dem Kreis der märkischen Großgrundbesitzer aus. Gegen diesen verlorenen mächtigen Güterkomplex waren Bullendorf, Kuhsdorf und Grube nur »Klitschen« – Grund genug für die dortigen Quitzows, weiter um ihr Erbrecht zumindest an Kletzke zu kämpfen. Sobald Friedrich Wilhelm I. gestorben war, meldete man die Ansprüche beim jungen König Friedrich II. erneut an. Der riet ihnen zum Rechtsweg der Klage – davon aber hatten die Quitzows verständlicherweise vorerst genug, sie erwarteten ein königliches Machtwort zur Wiederherstellung ihrer Rechte. Der König aber war derweil mit den zahl- und ruhmreichen Kriegen gegen die Habsburger und ihre Verbündeten vollends beschäftigt, so daß erst einmal nichts geschah. 1775 erst kam die Sache erneut vor den derweilen Alten Fritzen – er reagierte ebenso wie dreieinhalb Jahrzehnte zuvor: Die Gerichte sollten gefälligst entscheiden! Man vermag sich vorzustellen, daß es nach solch langer Frist die Quitzows Jahre kostete, alle entsprechenden Dokumente und Belege wieder zusammenzufinden – als sie es bis 1787 dennoch geschafft hatten, war Friedrich der Große inzwischen gestorben. Sein Nachfolger, Friedrich Wilhelm II., zeigte sich den Quitzows weniger gewogen und wies die Klage ab. Wieder mußte die Familie einen Thronwechsel abwarten – 1798 schenkte ihnen Friedrich Wilhelm III. »rechtliches Gehör«. Siegessicher forderten die Quitzows in ihrer Denkschrift von 1799, daß ihnen nicht nur die Hälfte von Kletzke zurückgegeben, sondern daß auch alle seit 1719 dort »entstandenen Früchte«, also aller bisheriger Gewinn erstattet werden müßten. Doch die Junker hatten sich allzu sehr auf preußische Akkuratesse in den Gerichtsarchiven verlassen – die Akten jenes früheren Prozesses blieben nämlich unauffindbar. Und das Kammergericht konnte natürlich sein früheres Urteil nicht aufheben, wenn die entsprechenden Originaldokumente fehlten! Ob nur gewöhnliche Unordnung daran Schuld trug oder ob man schon vorzeiten diese Akten verschwinden ließ, gerade um eine Wiederaufnahme des Verfahrens unmöglich zu machen – für die letzten Quitzows war damit nach mehr als 100jährigem zähen Ringen der Kampf endgültig verloren. Einen erneuten Antrag auf Entschädigung für Kletzke – ausgerechnet in der Notzeit der napoleonischen Besetzung Preußens gestellt – wies der König am 2. Oktober 1810 unwiderruflich ab...

Damals aber waren die Sterne der Quitzows in der Mark Brandenburg eh schon am Erlöschen. Düstere Schicksalstragödien kamen in jener Epoche literarisch in Mode. Das Publikum liebte es, auf Bühne wie Romanseiten den Untergang fluchbeladener Geschlechter in

Wahnsinn, Selbstmord und anderwärtigen Bluttaten erschaudernd zu genießen. Auch das Ende der märkischen Quitzows fügt sich gleichsam ins Schema dieses kulturellen Zeitgeistes – als wäre es von einem jener romantischen Schriftsteller gestaltet. Zuerst aber muß man noch einmal resümieren, was von jener ehemals so großen Familie um 1800 überhaupt noch übriggeblieben war.

Der einzige überlebende Stamm hatte sich in drei Linien aufgespalten – auf den alten Quitzow-Sitzen Grube und Kuhsdorf (nebst Bullendorf) sowie auf Gerdshagen. Das zuletzt genannte Gut hatte die Familie zwischen 1665 und 1767 gleichsam Stück für Stück von der Familie von Rohr eingetauscht und gekauft. Hans Ulrich von Quitzow, dem Gerdshagen 1744 als Erbe zufiel, erwarb zwei Jahre später auch noch das Mecklenburger Gut Severin dazu. Schon er selbst weilte dort häufiger als auf seiner Prignitzer Besitzung – sein Sohn Ernst Ludwig verkaufte 1815 Gerdshagen und zog vollends nach Mecklenburg.

Grube stand stets wirtschaftlich wie historisch im Schatten seines unmittelbaren Nachbarortes Kletzke. 1805 war hier Gebhard Hans Georg von Quitzow gestorben. Als Leibchirurg des Markgrafen von Brandenburg-Schwedt fällt er ein wenig aus den üblichen Familienbiographien heraus, die sich zwischen Militär, lokaler Verwaltung und Gutswirtschaft bewegen. Nur vier seiner sieben Söhne überlebten ihn. Vom ältesten, Alexander, ist nur überliefert, daß er 1847 starb. Zwei anderen Brüdern zerstörte das Fiasko von Napoleons Rußlandfeldzug, an dem sie als preußische Offiziere teilnahmen, grausam ihr Leben: Heinrich starb 1813 in Königsberg, weil seine Füße im russischen Winter erfroren waren. Siegfried verlor ein Bein in der Schlacht bei Smolensk. Nun war er nur noch als Postmeister in Fehrbellin zu verwenden – bis er sich endlich selbst eine Kugel in den Kopf schoß. Dem vierten Sohn, dem 1779 geborenen Carl, war das Erbe von Grube zugefallen – 1812 heiratete er Ernestine von Kröchern. Aber auch an ihm ging das Verhängnis nicht vorüber, das über dieser

Familie zu schweben schien: 1815 stirbt sein Sohn Louis als Säugling, und ihn selber ließ schon nach wenigen Jahren ein psychisches Leiden »geistesschwach« werden – wie es damals hieß. Er mußte unter Vormundschaft gestellt werden und endete im Neuruppiner Irrenhaus... Carls beide Söhne aber – so berichtet Warnstedt – verließen den alten, unglücksträchtigen Stammsitz. Der ältere – Ludwig Ernst Georg – kaufte sich auf Zarrehne in Pommern ein und starb dort 1903 unvermählt, der zweite – Albert – wanderte gar nach Amerika aus. Dorf und Gut Grube jedenfalls gingen nach 1817 in den Besitz der eigenen Dorfgemeinde über...

Auch auf dem zweiten alten Sitz des Geschlechtes in Kuhsdorf-Bullendorf schien in dieser Zeit ein Fluch zu liegen. August Wilhelm von Quitzow, dem dieses Erbe unter seinen Brüdern 1774 durch Los zugefallen war, hatte 1806 als Oberst im Kürassierregiment Manstein sechzigjährig seinen Abschied von der Armee genommen. Nun lebten er und seine Familie auf dem Herrensitz in Bullendorf, den er selber hatte errichten lassen. Denn das alte Haus in Kuhsdorf wurde nun anderwärtig benötigt. August Wilhelm war immerhin das dreizehnte von 14 Geschwistern. Und auch wenn vier davon schon früh starben und zwei Brüder 1757 in den Schlachten des Siebenjährigen Krieges als Fähnriche fielen – drei Brüder und vier unverheiratete Schwestern brauchten ein Domizil. Der alte Bau nördlich der Kuhsdorfer Dorfstraße hieß im Volksmund auch bald »Frölenshus« (»Fräuleinshaus«). Wenn ein kleiner Gutsherr wie der Vater Franz Julius drei Söhne bei der Kavallerie unterhalten wollte – dann blieb nichts mehr übrig für eine standesgemäße Mitgift der Töchter. Der Lebensweg jener Quitzow-Schwestern war also vorgezeichnet wie seit Generationen – er führte sie letztlich in die adeligen Fräuleinstifte Heiligengrabe, Dobbertin und Malchow... Ihr Bruder Christian stieg dafür immerhin bis zum Generalmajor der Kavallerie auf. Fast siebzigjährig starb er 1805 an jenen Blessuren, die er in der Schlacht bei Jena und Auerstedt empfing. Auch sein

Bruder Wilhelm focht an diesem »preußischen Unglückstag« als Major der Kürassiere mit. Der vierte und älteste Bruder, Ludwig, war 1762 von den Ständen zum Landrat der Prignitz gewählt worden – bis zu seinem Tode 1803 nahm er das Amt eines Direktors dieser Provinz ein. Bei einer solchen Geschwisterschar erscheint es schon als verwunderlich, daß der Fortbestand dieser Linie 1810 auf einem einzigen Augenpaar ruhte. Denn die spät geschlossene Ehe von Ludwig – er war schon über 50 Jahre alt – blieb kinderlos. Christian und Wilhelm vermählten sich nicht. Und auch August Wilhelm führte erst als 43jähriger 1789 seine 20 Jahre jüngere Braut, Caroline von Rohrt von und zu Holzschwang, vor den Altar. Für seine junge Familie hatte er schließlich das Haus in Bullendorf gebaut, auf daß sie wachsen möge wie die seines Vaters. Aber viel Segen ruhte darauf nicht – als er 1806 seinen Abschied nahm, lebten von seinen 6 Kindern nur noch drei – zwei Töchter und Heinrich, der einzige Sohn! 1812 dann brachte das Ende für den Fortbestand jenes Zweiges der Quitzows – 17jährig starb Heinrich an »Nervenfieber«, wie schon 8 Jahre zuvor sein Bruder Ludwig. In der Kuhsdorfer Familiengruft wurde er beigesetzt. »Von jetzt an hatte das freundliche Lehngut keinen Reiz mehr für meine Eltern«, schrieb die jüngste Tochter Emilie, »und die Bewirtschaftung desselben war ihnen eine drückende Last. Noch im Frühjahr desselben Jahres verpachtete mein Vater Bullendorf.« Zwei Jahre später raffte die Brustwassersucht auch Tochter Charlotte hin. Nun blieb nur noch die 1803 geborene Emilie, das jüngste Kind. 1818 erreichte der pensionierte Oberst die Allodifikation seines Gutes – nach seinem Tode konnte er es nun seiner Tochter und deren Nachkommen vererben. Natürlich mußte er die »Lehnsvettern« für ihr verlorenes Anrecht abfinden – 22 000 Taler kostete August Wilhelm die Versorgung seines letzten Kindes. Er erlebte auch noch die Hochzeit der 19jährigen Emilie mit dem Leutnant Carl von Beulwitz und die Geburt des ersten Enkelkindes, Hedwig. Am 20. Februar 1824 starb August Wilhelm von Quitzow im Alter von 78 Jahren – als letzter seines Geschlechtes in der Mark Brandenburg. Das Unheil jedoch, das über dem Verlöschen der Linien Grube und Kuhsdorf-Bullendorf waltete, verdunkelte auch das Schicksal seiner Erben: Seine Tochter Emilie raffte mit 29 Jahren die Schwindsucht hin, ihr einziger überlebender Sohn Heinrich mußte als Offizier den Dienst quittieren, wurde unter Kuratel gestellt und starb kaum 30jährig. Als letzter wurde er in der Kuhsdorfer Familiengruft beigesetzt...

Unter den Worten des sterbenden August Wilhelm von Quitzow, die Emilie aufschrieb, beeindruckt vor allem der wehmütige Satz: »Was habe ich denn getan und geleistet?« Diese Frage umreißt eigentlich nicht nur sein Schicksal, sondern die ganzen letzten zweihundert Jahre des Geschlechtes in der Mark. Natürlich hatten die Quitzows – wie es märkischen Junkern anstand – ihre Güter bewirtschaftet und den Dienst im preußischen Heer geleistet. Hier bevorzugten sie, wie Fontane schrieb, »wie die meisten Altadligen der Mark die Truppe, die bis diesen Tag einen letzten Rest von Rittermäßigem auch in ihrer äußeren Erscheinung zu wahren trachtet: die schwere Reiterei«. Quitzows zahlten in den Kriegen Friedrichs des Großen wie im Kampf gegen Napoleon ihren Blutzoll, aber über mittlere Ränge kamen sie kaum hinaus. In der Verwaltung der Provinz wirkten sie als Landräte und Landesdirektoren – aber am Hofe kam keiner von ihnen zu Ruhm und hoher Stellung, die »große Politik« blieb ihnen fremd. Vor dem 30jährigen Krieg taten sie sich vor allen anderen Familien des Landstrichs als Bauherren und Auftraggeber prächtiger Denkmäler von überregionalem Rang hervor – danach sucht man ihre Spuren auch in der märkischen Kunstgeschichte beinahe vergeblich. Kein Dichter, kein Gelehrter, nicht einmal ein skurriles Original, über das es sich mehr zu berichten lohnt – die Quitzows der »großen Zeit Preußens« gehen auf im Durchschnitt des Provinzadels. Mag die allerhöchste Animosität gegen ihren Namen auch dazu beigetragen haben, allzu steile Karrieren zu verhindern. Aber was uns heute am tragischen Untergang des Geschlechtes fasziniert, ist eigentlich nur noch der Kontrast zu jenen wilden und aufrührerischen Jahren, als die Quitzows die gefürchteten und unbesiegbaren Herren der Mark (und der Landstraßen ringsum) waren. Man weiß ja, daß Geschichte keine Moral hat – und dennoch steigt einem hier der Gedanke hoch: *Sic transit gloria mundi...*

AUSKLANG

Mehr als ein halbes Jahrhundert schon gab es keine brandenburgischen Quitzows mehr, als ihre Sterne noch einmal aufstrahlten in der Hauptstadt des neuen deutschen Reiches. Es war zwar nur ein literarischer Abglanz, dafür aber damals um so erfolgreicher: Das »Schauspiel in vier Akten« DIE QUITZOWS erlebte in den 2 Jahren nach seiner Uraufführung 1888 am königlichen Opernhaus immerhin hundert Aufführungen. Ernst von Wildenbruch – »offizieller« Autor der wilhelminischen Ära – brachte den Kampf Dietrich von Quitzows gegen den ersten Hohenzollern auf die Theaterbühne. Auch das vorangegangene Bündnis mit den Berlinern wie sogar den Brudermord der Sage verflocht der Autor in die dramatische Handlung – historische Detailtreue war seine Sache nicht. Das tat aber dem Erfolg des Stückes keinen Abbruch – war es doch eine einzige Verherrlichung von Deutschtum und Hohenzollernherrschaft: Dietrich von Quitzow, der sich nach seiner Niederlage gar mit den Polen gegen die Obrigkeit in Brandenburg verbünden will, wird von seinem eigenen Bruder Conrad aus deutschem Patriotismus mit dem Schwerte erschlagen. Denn der will »kein Slawenknecht sein«! Nachdem er sich für den Brudermord selbst von einem Diener richten läßt, blickt er im Tode noch visionär in die glorreiche Zukunft des Herrscherhauses: »Ich höre die Stimme Brandenburgs … Ihr voran schreitet ein Name – wandelnd den ehernen Gang – die Zeit geht neben seinem Schritt her – tausend Zungen rufen ihn – tausend Herzen schlagen in ihm – näher und näher – mächtig und mächtiger – Hohenzollern!

Hohenzollern!« Womit sich der Vorhang senkt ... Kein Wunder, daß der literarische Ruhm dieses Stückes – 1916 war es mit 39 000 »Volksausgaben« das meistpublizierte Drama Wildenbruchs – den zweiten Weltkrieg nicht überlebte! Auch der dramatische Abglanz der Quitzows war also nicht von Dauer ...

Nachhaltigere Auferstehung als auf der Bühne feierten die märkischen Quitzows zwischen Buchdeckeln des 19. Jahrhunderts – auf der ganzen Breite zwischen wissenschaftlicher Arbeit, Reisebericht, Essay und Roman. Nichts ist auf diesem weiten Feld der ausführlichen Behandlung eines geschichtlichen Faktes so dienlich wie eine Kontroverse der Historiker – und durch die Publikationen des 19. Jahrhunderts hallt es vernehmlich: »Hie Quitzow!« – »Hie Hohenzollern!« Denn viele »Romantiker« – gerade wenn sie selber von Adel waren – schauten damals wehmütig-nostalgisch zurück auf ein verklärtes ständisches Mittelalter jenseits des modernen, zentral durchorganisierten Staates. Drohten doch derzeit solche »traditionsfremden« und junkerunfreundlichen Neuerungen wie Grundsteuern für Rittergüter, Eisenbahnlinien oder gar eine Verfassung ... Jedenfalls konnte es da nicht ausbleiben, auch die stolzen, streitlustigen und freien Ritter der guten, alten Zeit »aufzuwerten« – selbst wenn sie Quitzow hießen!

1831 stellte Georg Wilhelm von Raumer seiner Publikation märkischer Urkunden der Quitzow-Zeit einen historischen Essay voran, womit er gleichsam eine Ehrenrettung der alten Ritter unternahm: Ehrliche Fehden hätten Dietrich und Johann von Quitzow geführt, von Räuberei weit verschieden. Und die Widersetzlichkeit gegen den Nürnberger Burggrafen sei einem patriotisch-brandenburgischen Mißtrauen gegen den auswärtigen Pfandinhaber entsprungen – verständlich nach den schlechten Erfahrungen mit Jost von Mähren!

5 Jahre später erschien jenes mehrbändige Werk von Karl Friedrich von Klöden, »Die Quitzows und ihre Zeit« – eine seltsame Mischung von romantischem Roman und Geschichtsschreibung, worin quellengesicherte

Fakten und fabulöse Erfindungen sich bunt durchmischen. Auch dieses Buch will die großen Charaktere der Quitzows darstellen und »die verunstaltenden Flecken, die der Staub der Jahrhunderte darüber gelegt hat«, wegwischen. Unselige Auswirkungen hatte dieses Buch auf manche Heimatliteratur – was Klöden schilderte, wurde dort als historische Tatsache übernommen. Als typisches Beispiel sei an das Gefecht Dietrich von Quitzows mit den Berlinern bei der Tegeler Mühle erinnert...

Adolph Friedrich Riedel entgegnete alledem 1851 scharf und detailliert in seinem Buch über die Quitzow-Zeit »Zehn Jahre in der Geschichte der Ahnherren des preußischen Königshauses«. »Kurzsichtige Vorliebe für eine verblendete Standesrichtung« hielt er den Quitzow-Verteidigern vor: »Planmäßiger Ungehorsam gegen die rechtmäßige Obrigkeit... ein verwegener Freiheitsmut ohne Sinn für das Gemeinwohl... nur aus dem eigennützigen und selbstsüchtigen Motive, den Vermögensbesitz seiner Familie zu behaupten – das muß zu allen Zeiten als ein Verhalten erscheinen, dem jeder *Adel* fremd ist.« Statt Fehden zu führen, hätten die Quitzows schließlich vor Gericht gehen können! Und diesem Urteil gab Riedel auch eine »staatstragende« Deutung. Beschwor er doch die »Ernte der unheilschweren Saat«, solchen Aufruhr zu rechtfertigen – die Revolution...

Und nun teilten sich die Gemüter der Autoren – Theodor Fontane nahm in seinen Wanderungen offen die Partei Raumers, wie es bei seiner Zuneigung zum märkischen Adel zu erwarten stand. Der Historiker Julius Heidemann neigte der Haltung Riedels zu. Auch im 20. Jahrhundert setzte sich die Kontroverse fort – Richard Rudloff als Pfarrer von Kletzke in seinen Beiträgen für die »Prignitzer Volksbücher« natürlich auf der Pro-, der Landesgeschichtler Willy Hoppe auf der Anti-Quitzow-Seite...

Während all dieser Dispute über ein Thema, das für die Mark schon lange vergangene Historie darstellt, existierte der Stamm der Quitzows weiter! In Mecklenburg saßen die Nachfahren der Linie auf Grube, Kuhsdorf und Bullendorf zu Beginn des 19. Jahrhunderts auf den Gütern Severin, Wozinkel, Dargelitz und Wilhelmshof. Ihre Lebensweise unterschied sich anfangs wenig von ihren brandenburgischen Altvorderen. Die allermeisten dienten weiterhin als Offiziere im Heer: Fontane erwähnte drei Sekondeleutnants der Infanterie und Artillerie, und ein Cuno von Quitzow fiel 1917 als Kommandeur eines Infanterieregimentes vor Langemark. Doch ihre Güter mußte die Familie nach und nach im Verlaufe des 19. Jahrhunderts verkaufen oder gar in Konkurs gehen lassen. So wählten dann auch einige der Quitzow die Beamtenlaufbahn und »bürgerliche« Berufe – Ludwig von Quitzow († 1864) wirkte als Kreisbauinspektor in Thorn, und der Rechtsanwalt Dr. jur. Hans von Quitzow starb 1930 in Neustrelitz – als letzter seines Namens in Deutschland.

Doch hatte es seit dem 19. Jahrhundert etliche dieser Familie in die weite Welt gezogen. Der 1826 geborene Wilhelm von Quitzow ging nach Amerika und soll es dort in St. Louis als Kaufmann zu einigem Wohlstand gebracht haben – allerdings änderte er seinen Namen schamhaft ins Bürgerliche um: Fisher hieß er nun... Als beide Neffen Hans Ulrich (1863–1911) und Max Cuno (* 1865) allerdings nach Südwestafrika auswanderten, behielten sie stolz ihren Namen bei – fanden sie doch dort als Hauptmann der dortigen Schutztruppe und Farmer durchaus ihr standesgemäßes Auskommen. Ihr Cousin Carl von Quitzow (* 1859) zog in die Schweiz – und noch heute lebt Karl-Michael von Quitzow als Rechtsanwalt in Stockholm.

In der Mark jedoch blieb der Name Quitzow – ungeachtet aller Kontroversen um Recht oder Unrecht, um Größe oder Verworfenheit des berühmten Brüderpaares – bis heute ein Synonym für das düstere, grausame Mittelalter der ausgeraubten Dörfer und brennenden Städte, der Burgverliese und Überfälle auf den Landstraßen. Ob die Fehden der Quitzows nun ehrlich und juristisch einwandfrei waren oder nicht – das interessierte Städter und Bauern der »befehdeten« Landstriche kaum, wenn sie Haus, Besitz oder gar ihr Leben verloren. Auch wenn es andere Adelsfamilien ähnlich trieben – das Zeitalter des Faustrechts und der Gesetzlosigkeit, als die Mark für den verrufensten und gefährlichsten Landstrich des Reiches galt, ist untrennbar mit den »Räuberquitzows« verbunden.

Wenn nach der Besichtigung des Quitzow-Stuhles auf der Eldenburg das Verlies hinter dem Besucher abgeschlossen wird, so stehen ihm auf der Holztür wieder die Sterne der Quitzows vor Augen. Mögen die Historiker streiten, mag man von den friedlichen Gutsherren und dem langsamen Erlöschen der Familie berichten – das Quitzow-Wappen wird für die Brandenburger immer ebendiesen Platz auf der Pforte zur Folterkammer einnehmen.

Die Eldenburger Linie der Quitzows,

aufgestellt unter Berücksichtigung der Tafeln bei Sack (Herrschaft Stavenow), bei Albrecht (Tienkenheft 74/75 und 76/77) und der Genealogie von Warnstedt (Die Quitzows auf Eldenburg) mit Berichtigung von Gerh. Schulz

Cuno
urkdl. – 1401

Dietrich
(Verteidiger von Friesack)
* um 1366 – † 14.2.1417
∞ 6.7.1394 Elisabeth Schenck zu Teupitz († 19.5.1417)

Dietrich
(erwarb 1465 Geldenitz/Eldenburg)
* 1396 – † 1486
∞ I. Lucia von Plessen (vor 1440–1445)
∞ II. Catharina v. d. Schulenburg (1450–1479?)
∞ III. Elisabeth v. Bülow

Dietrich
erw. 1460–1496 – tot 1499
∞ Rixa v. d. Schulenburg (1460?–1500)

Cuno
(aus der III. Ehe)
(Begründer der neuen Stavenower Linie)
urkdl. 1478–1508
tot 1510

Georg
* um 1460 – † 18.4.1527
∞ um 1500 Margaretha v. Arnim (erw. 1488/1501)

Dietrich
* 1475 – † 1552
unter Hinterlassung von 2 illegitimen Söhnen Hans Jacob und Henning Dietrich; war nicht mit Marg. v. Rosencrantz verheiratet, wie Albrecht angibt, sie gehört zu Dietrich auf Kletzke (s. Schulz in »Genealogie« 18/1969)

Lüdke
* 1495
† 1565
(nach Sack S. 27: 1563)

Henning
*
† gef. in Ungarn 1542

Dietrich
* 1515?
† 1569
∞ Elisabeth v. Veltheim (conf. 4.12.1561) († 1575)

Albrecht
* 1527(?)
† zwischen 1594 und 1596

Georg
* um 1555
tot 1598
urkdl. 1565–1581

Achatz
* um 1558?
† 1605
∞ 1594 Magdalene v. Münchausen

Henning
*
† 7.9.1608
∞ 1592 Chatharine Engel v. Alvensleben

Dietrich
† erschlagen 25.10.1593
∞ I. Catharina v. d. Schulenburg (* 1560)
∞ II. 24.9.1592 Maria v. Bortfeld (1578–1623)

Philipp
* 12.1.1567
† 12.8.1616 Eldenburg
▭ 1.10.1616 Kletzke
(ohne Leibeslehnserben)

####### Dietrich
* 4.2.1596
† 4.4.1653 Eldenburg
1. Nacherbe Eldenburgs nach Vaterbruder Philipp

####### Achatz
* 8.8.1606
† 3.10.1653 Braunschweig
▭ 14.6.1654 Rühstädt
Erbe von Eldenburg nach seinem Bruder Dietrich

####### Cuno
† 1633

######## Christian Friedrich
*
† 4.6.1656

######## Ulrich Sigismund
*
† vor 1654

######## Adam Wedego
*
† 19.9.1664
▭ 23.5.1665 Seedorf
∞ II. 20.2.1660

Erbfolge weiter bei Adam Wedego →

######### Cuno Joachim
* 31.3.1656
† 21.2.1706 Rühstädt
∞ 1677 Elisabeth Dorothea Gans Edle zu Putlitz (1653–1718)
(söhnelos verstorben)

######### Cuno Christoph

######### Albrecht Friedrich
erw. 1656–1679
tot 1685
∞ Elisabeth v. d. Marwitz (1640, † vor 1679)
(söhnelos verstorben)

######### Otto Friedrich

######### Cuno Hartwig
* um 1660
† 11.1.1719 Eldenburg
(23.1.1684 vom Großkurfürsten lehnsmündig erklärt)
(ohne Erben verstorben)

LITERATUR

Codex diplomaticus Brandenburgensis, herausgegeben, von Adolph Friedrich Riedel, Berlin 1838–1869

Codex diplomaticus Brandenburgensis continuatus, hrsg. von Georg Wilhelm von Raumer, Berlin-Stettin-Elbing 1831–33

Brandenburgisches Landesarchiv Potsdam, insbesondere Rep 78 II Q

Geheimes Staatsarchiv Berlin, X, Rep 37, Stavenov

Enders, Lieselott: Historisches Ortslexikon für Brandenburg Teil I. Prignitz, Verlag Hermann Böhlaus Nachfolger, Weimar 1987

Flügge, Martina: Die Quitzowscheibe von Kuhsdorf, in: Brandenburgische Denkmalpflege, Jahrgang 2, 1993, Heft 2, S. 40-46

Fontane, Theodor: Wanderungen durch die Mark Brandenburg, 5. Teil: Fünf Schlösser, QUITZÖWEL, S. 9–93, nymphenburger, München 1994

Goralczyk, Peter: Die Familie von Quitzow – ein märkisches Adelsgeschlecht, in: Brandenburgische Denkmalpflege, Jahrgang 2, 1993, Heft 2, S. 42–46

Grüneberg, Arthur: Burg Geldenitz und die Eldenburg, in: Jahrbuch für brandenburgische Landesgeschichte, Band 32/1981

Handtmann, Eduard: Neue Sagen der Mark Brandenburg, Berlin 1883

Heidemann, Julius: Die Mark Brandenburg unter Jobst von Mähren, Berlin 1881

Hoppe, Willy: Die Quitzows, in: Forschungen zur brandenburgischen und preußischen Geschichte, Bd. 43, 1930

Kaufmann, Manfred: Fehde und Rechtshilfe. Die Verträge brandenburgischer Landesfürsten zur Bekämpfung des Raubrittertums im 15. und 16. Jahrhundert, Pfaffenweiler 1993

von Klöden, Karl Friedrich: Die Quitzows und ihre Zeit, Berlin 1836

Kopp, J.: Der letzte seines Hauses. August Wilhelm von Quitzow, Heft 1 der Prignitzer Volksbücher, Pritzwalk 1908

Materna, Ingo und Ribbe, Wolfgang (Herausgeber): Brandenburgische Geschichte, Berlin 1995

Ribbe, Wolfgang: Die Aufzeichnungen des Engelbert Wusterwitz. Überlieferung, Edition und Interpretation einer spätmittelalterlichen Quelle zur Geschichte der Mark Brandenburg, Berlin 1973

Riedel, Adolph Friedrich: Zehn Jahre aus der Geschichte der Ahnherren des preußischen Königshauses, Berlin 1851

Rudloff, Richard: Die Quitzows aus dem Hause Quitzöbel-Kletzke, Prignitzer Volksbücher Nr. 74/75 und 76/77, Pritzwalk 1928

Sack, Joachim: Die Herrschaft Stavenov, Mitteldeutsche Forschungen Nr. 18, Köln-Graz 1959

Schulz, Gerhard: Die von Quitzow auf Eldenburg, in: Genealogie 1969, Bd. 18, S. 459–469

Schultze, Johannes: Die Prignitz. Mitteldeutsche Forschungen Nr. 8, Köln-Graz 1956

Schultze, Johannes: Die Mark Brandenburg, Bd. 1–5, Berlin 1961–1969

Simon, Johannes: Kloster Heiligengrabe, 1. Teil: Von der Gründung bis zur Einführung der Reformation 1287–

1549, Sonderdruck aus dem Jahrbuch für Brandenburgische Kirchengeschichte 1929

von Warnstedt, Christopher Freiherr: Die von Quitzow auf Eldenburg, in: Genealogie, 1965, Bd. 7, Jahrgang 14, Heft 3, S. 441–454

von Warnstedt, Christopher Freiherr: Das Geschlecht von Quitzow, in: Zeitschrift für Niederdeutsche Familienkunde, 1970, Jahrgang 45, Heft 34, S. 69–111

von Wildenbruch, Ernst: Die Quitzows. Schauspiel in vier Akten, G. Grote'sche Verlagsbuchhandlung, Berlin 1916

Reinhard Wahren
LIEBER LITFASS!
Eine Begegnung mit dem Berliner Reklamekönig

Von Litfaßsäulen scheint etwas Magisches auszugehen. In unserer Multimedia-Welt behaupten sich diese Urgesteine der Werbung, als seien sie heilige Relikte. Und ihre Zahl steigt noch von Jahr zu Jahr. Mehr noch, aus der guten alten Litfaßsäule soll nach dem Willen kleverer Geschäftsleute eine »Multi-Funktions-Säule« werden, mit Zeitungsstand, Telefon und Bankautomaten. Grund genug, in unserer Reihe »*Im Spiegel der Zeit*«, ihrem Schöpfer, Ernst Theodor Litfaß, in jene Zeit zu folgen, als Werbung noch Reklame hieß.

1. Aufl. 1998, 112 S., 19 Abb., ISBN 3-930388-14-6, DM 14,80

In Vorbereitung:

Heinz Barüske
HANS CHRISTIAN ANDERSEN
Ein Däne in Berlin

Ralf-Jürgen Girbig
DIE MALMSTRÖMS
Artisten seit Generationen

Jan Feustel
MIT DEM KREUZ AUF DER RÜSTUNG
Ordensritter in Brandenburg

Thomas Michael
NEUZELLER KLOSTERBRUDER

hendrik Bäßler verlag · berlin
Strausberger Platz 12 · 10243 Berlin
Fon/Fax: 030/24 926 53